나는 거인의 어깨 위에서 주식투자를 한다

"남들이 욕심을 낼 때 두려워하고,
남들이 두려워할 때 욕심을 내야 한다
(Be fearful when others are greedy,
and be greedy when others are fearful)."
- 워런 버핏Warren Buffett

아무리 시장이 혼란스러워도 흔들리지 않고
상승차트를 따라 황소처럼 앞으로 나아가라!

나는 거인의 어깨 위에서 주식투자를 한다

저스틴 월쉬 지음 | **손정숙** 옮김

나비의 활주로

존 메이너드 케인스(1883~1946)는 경제학이라는 우울한 학문에 독특한 매력을 선물했다. 그는 케임브리지 대학 교수이자 블룸즈버리 그룹(20세기 초 영국 런던, 케임브리지에서 활동한 작가, 예술가, 학자 집단을 일컫는 말-옮긴이)의 핵심 멤버였다. 또한 베스트셀러 작가이자 세계적으로 유명한 발레리나의 남편, 근대 거시 경제학의 아버지, 명망 높은 정부 정책 자문위원, 영국 상원의원이자 IMF와 세계은행의 산파이기도 했다. 그는 끝이 보이지 않을 것 같던 대공황에서 벗어나는 해법으로 '병자에게 필요한 것은 휴식이 아니라 운동'이라는 처방전을 제시하였다. 다양한 의견을 활기차고, 지적인 방식으로 전개했던 케인스는 통속적인 지혜에 대한 공격을 즐겨했다.

　돈벌이를 업으로 삼는 것을 경멸하는 척했지만, 케인스는 주식시장에서 큰돈을 벌었다. 투자를 통해 축적된 케인스의 순재산은 현재(이 책이 최초 출간된 2008년 기준, 이후 내용에서 언급되는 과거 금액의 현재 가치

환산 또한 2008년을 기준으로 함—편집자) 돈의 가치로 3,000만 달러에 이르렀다. 케인스가 관리한 케임브리지의 킹스칼리지 체스트 펀드는 그의 수중에서 12배로 불어났다. 같은 기간 시장의 지수들은 2배도 상승하지 못했다.

케인스가 영국의 유서 깊은 생명보험사 중 한 곳의 사장으로 있는 동안 시티(미국의 월스트리트와 같은 런던의 금융 중심지-옮긴이)는 그의 발언을 매우 높이 평가하였고, 그가 내놓는 추세 예측은 증시를 흔들어댔다. 이론뿐만 아니라 현실에서도 금융시장에 통달했던 경제학자라는 점에서 케인스는 특별했다. 이처럼 재정적 성공을 거둔 케인스였지만, 그의 주식투자 기법을 분석하는 것이 현재의 투자자들에게도 이득이 될지 의문을 품은 사람들도 있을 것이다.

케인스는 빅토리아 시대의 인물로 70여 년 전에 사망했다. 그는 우리 시대와는 다른 매우 근엄한 시대에 살았다. 그는 "침대에서 차를 홀짝거리며 어떤 새로운 사업에 투자할까"라는 말로 나른한 묵상에 잠겨 있는 런던 시민의 이미지를 묘사했는데, 이것은 스스로에 대한 묘사였을지도 모른다. 그는 포경업을 비롯하여 지금은 사라져버린 여러 산업에 투자했다.

그는 분명히 우리와는 다른 시대의 사람이었다. 그렇다면 데이 트레이딩, 닷컴기업의 시대에 케인스의 투자 원칙을 재평가함으로써 얻을 게 있을까? 놀랍게도 이에 대한 대답은 분명히 '있다'라는 것이다. 케인스는 초창기에 몇 차례의 실수를 한 후 주식투자에 커다란 성공을 가져다준 몇 가지 교훈을 얻게 된다.

케인스의 투자에 대한 신조는 큰 성공을 거둔 현대의 몇몇 가치투자자의 투자 철학에도 나타난다. 워런 버핏은 케인스를 '실천 투자자로서의 영리함과 사상의 영리함이 조화를 이룬 인물'이라고 말하면서, 자신이 이 영국 경제학자에게 지적으로 빚을 지고 있다는 점을 여러 차례 강조했다.

현대의 독자들에게 이것 못지않게 중요한 점은 케인스가 투자에 대한 자신의 경험을 경쾌하면서도 우아한 언어로 담아냈다는 것이다. 케인스의 친구인 신문왕 비버브룩 경은 케인스가 "돈에 관한 주제를 가지고 흥미진진한 문학을 써냈다"고 극찬했다.

케인스의 돈에 대한 그리고 돈을 버는 목적에 대한 시각은 그가 자라온 환경과 인생관에 영향을 받았다. 한 사람의 투자 원칙을 살펴보려면 그의 인생에 획기적 계기가 되었던 사건들을 함께 짚어나가는 것도 필요하다. 케인스의 가장 절친한 친구이자, 전기 작가였던 리튼 스트레이치는 자신의 직업에 대해 이렇게 정의했다.

🌿 거대한 자료의 바다로 노 저어나가 바다 밑 여기저기로 작은 양동이를 내린다. 그러면 조심스러운 호기심으로 그 정도의 깊이에서만 관찰될 수 있는 몇 가지 특징적인 사례들이 드러날 것이다.

우리의 질문 범위는 필연적으로 제한될 수밖에 없다. 그렇기 때문에 주로 케인스가 실행한 투자 원칙 가운데 특징적인 사례들만을 낚아 올릴 것이다. 그럼에도 불구하고 이런 과정에서 케인스가 살아간 풍부한 인생의 향기까지 독자들에게 전해지기를 기대해본다.

- 저스틴 월쉬

차례

STOCK 4   최초의 가치투자자가 되다

STOCK 5   케인스의 6가지 투자원칙

제1원칙: 저평가 미인주를 찾아라

제2원칙: 잃지 않는 게임을 하라

STOCK 6 가치투자를 증명하라

시장을 이긴 경제학자의
돈과 인생

돈 버는 경제학자

존 메이너드 케인스가 사망한 지 5개월이 지난 1946년 9월 그의 유산이
공개되었다. 그의 재산은 48만 파운드에 육박했는데, 현재 돈의 가치로
는 3,000만 달러에 이르는 금액이다. 그는 시티의 유력 금융기관의 이
사회에 적을 두고 있었고, 또 잘 팔리는 저서들 덕분에 상당한 인세를
받고 있었다. 그럼에도 그의 유산 내역이 발표되자, 뉴스를 접하는 세
간의 놀라움은 매우 컸다. 케인스는 사망하기 직전 6년 동안 영국 재무
성에서 무보수로 일했다. 그의 부모가 케인스보다 오래 살았으니 물려
받은 재산도 없었다. 또한 대단한 예술 애호가였던 케인스는 자신의 주
머니를 털어 많은 문화단체에 자금을 대기도 했다.

〈파이낸셜 타임스〉에 소개되기도 했던 케인스의 돈 버는 재능은 그
에게 엄청난 부를 안겨주었다. 케인스의 이런 재능은 그의 개인 계좌
에만 국한되지 않았다. 케인스의 영적, 지적 그리고 세속적 고향이기도

한 킹스칼리지(케임브리지 내에서도 가장 명문으로 일컬어지는 대학의 하나로 케인스의 모교-옮긴이) 역시 그의 재무 능력의 수혜자였다. 〈맨체스터 가디언〉은 케인스의 부음 기사에서 이렇게 전했다.

> 🌿 케임브리지 내 킹스칼리지의 투자 담당관으로 케인스는 큰 성공을 거뒀다. 그는 대담하고도 변칙적인 방법으로 기부금의 가치를 엄청나게 불렀다.

세간에는 널리 알려지지 않았지만, 투자에 대한 케인스의 능력은 특정한 집단 사이에서는 칭송의 대상이 되었다. 다른 대학의 투자 담당관들은 케인스를 만나기 위해 킹스칼리지까지 오곤 했다. 케인스는 어슬렁거리며 거닐다가 간절히 기다리는 군중들에게 마치 황제처럼 투자의 지혜를 나눠주었다.

통찰력 있는 투자자이자 영리한 금융시장 참여자라는 케인스의 면모는 젊은 시절의 삶이나 신념에 비춰보면 다소 이례적이다. 젊은 시절 케인스는 예술 애호가였으며, 철학과 훌륭한 삶을 사는 법에 심취해 있었다. 학창 시절에는 세속적 문제에 거의 관심을 보이지 않았지만, 이후 전 생애에 걸쳐 부의 추구에 대해 대단히 양면적인 태도를 보였다. 하지만 케인스에게 돈은 오로지 인생을 즐기고 실현할 이로운 도구에 지나지 않았다. 그렇기 때문에 돈을 버는 일 역시 그에겐 단순한 '재미'

이상이 아니었다.

존 메이너드 케인스는 1883년 학술도시인 케임브리지에서 태어났다. 아버지는 케임브리지 대학 경제학 강사였으며, 어머니는 그 대학의 최초 여성 졸업자 가운데 한 명이었다. 아버지의 엄격한 학습 계획 속에서 조숙한 어린 시절을 보낸 케인스는 영국 귀족과 엘리트들이 선택하는 학교인 이튼칼리지에 장학금을 받고 입학했다. 이튼칼리지에 다닌 5년간 케인스는 60여 개의 상을 휩쓸면서 뛰어난 학문적 소질을 나타내었다. 에릭 블레어(독자들에게는 조지 오웰이라는 이름으로 더 잘 알려진) 같은 이튼칼리지의 다른 동문들과는 달리 케인스는 사교 면에서도 성공적이었다.

학창 시절의 케인스가 경제학자이자 투자자가 될 것이라는 사실을 알려주는 단서라곤 그가 일람표와 숫자에 병적으로 몰두한다는 것 정도였다. 케인스는 이튼칼리지에 다니는 동안 크리켓 경기의 점수와 기차 시간표, 공부를 한 시간이나 체온의 변화는 물론, 긴 시時의 상대적 길이 같은 것을 집착하듯 기록했다.

킹스칼리지에 장학금을 받고 입학하게 된 케인스는 수학과 고전 문학을 공부하기 위해 케임브리지로 오게 된다. 하지만 수학과를 졸업한 후 그는 어떻게 생계를 꾸려야 할까 하는 현실적인 문제에 직면하게 되었다. 당시 케인스는 두 번째 학위를 받기 위해 알프레드 마셜 교수에게 경제학 강의를 듣고 있었다. 마셜 교수는 케인스 가문과는 친분이 있었고, 당시 세계적으로 가장 영향력 있는 경제학자였다. 마셜 교수는 케인스에게 "자네는 결코 경제학자이기를 포기할 수 없을 것이네"라고 말해왔다. 하지만 마셜 교수의 간곡한 당부에도 불구하고 케인스는 결국 공직을 선택했다. 1906년 8월 전국 공무원 시험에 응시한 케인스는 2등으로 합격하는데, 아이러니하게도 경제학에서 가장 낮은 점수를 받았다. 이에 대해 그는 "아마도 시험관이 나보다 더 모르는가 보다"라고 비꼬듯 말했다.

희망 부서인 영국 재무성에 배정받지 못한 케인스는 1906년 10월 런던으로 가서 인도청의 말단직원으로 근무하게 된다. 이로써 그는 거대한 제국이라는 기계를 움직이는 톱니바퀴의 일부가 되었다. 당시의 통화 제도였던 '금본위제(당시 대부분의 서방 국가에서 한 나라의 환율이 금 보유량에 따라 결정되는 이 제도를 관례적으로 채택하고 있었다)'가 적용되지 않았던 인도는 이론 경제학자들의 지대한 관심을 끌었다. 이 점은 케인스가 근무지를 선택하는 데 영향을 미쳤을 것이다. 그러나 주류 통화 제도에서 한 발짝 비켜나 있는 루피화가 매혹적이긴 했지만, 인도청 자체는 케인스에게 흥밋거리가 되지 못했다. 케인스의 첫 업무는 10마리의 종마가 봄베이행 선박에 실리도록 조치하는 것이었다. 이런저런 소소한 업무들은 그가 누려왔던 케임브리지의 고상한 풍토와는 대조를 이루었다.

권태로운 업무에 지친 케인스는 1909년 3월 케임브리지 대학으로 돌아왔다. 경제와 재무에 대한 케인스의 몇몇 강의(특히 주식거래와 관련된)는 만원사례를 이룰 정도로 인기가 있었다. 그러나 유유자적하던 케임브리지에서의 시간은 1914년 어느 여름날 산산조각이 났다. 빅토리아 여왕의 손자인 윌리와 조지(각각 독일 황제 빌헬름 2세와 영국 왕 조지 5세)가 영국을 20세기 최초의 전쟁으로 몰고 간 것이다. 1914년 선전포고와 함께 케인스는 공무원으로 되돌아갔다. 이번에는 영국 재무성에서 전비 재정에 관련된 업무를 맡게 되었다.

　　고작해야 몇 달 안에 끝날 것이라던 전쟁은 4년이나 계속되었고, 1918년 11월이 돼서야 휴전했다. 전쟁으로 140만 명이라는 어마어마한 국민을 잃은 프랑스는 독일에게 값비싼 대가를 치르게 하기로 마음먹었다. 본토와 자치령을 합쳐 100만 명에 가까운 전사자를 기록한 영국은 처음에는 유화적이었다. 1919년 3월 데이비드 로이드 조지 영국 수상은 "애국심이나 정의 그리고 페어플레이 정신을 지속적으로 선동하여 감정적 격분이 일어날 빌미를 만들지 말아야 대륙의 평화가 보장될 것이다"라고 말했다.

　　이런 고상한 말에도 불구하고 파리평화회의는 볼썽사나운 분풀이 경매장으로, 중부 유럽에서 누가 더 많은 영토를 가져가느냐를 놓고 다투는 승자들의 각축장이 되었다. 자국의 유권자들을 달래고, "독일로 하여금 대가를 치르게 하겠다"는 약속을 이행하기 위해 연합국 지도자들은 독일에 대해 전범 조항을 부과했다. 독일과 그 동맹국들이 1차 세계대전에 대한 유일한 책임자라는 조항을 명시했다. 또한 연합국과 연맹 세력이 민간인들에게 입힌 모든 피해마저도 독일이 보상해야 한다는 배상 조항도 넣었다. 경제 자문으로 영국 대표단과 동행한 케인스는 연합국 지도자의 이러한 근시안에 실소했다.

> 🌿 유럽의 미래는 그들의 관심사가 아니다. 그 호구지책은 그들의 걱정거리가 아니다. 좋건 나쁘건 간에 그들에게 가장 중요한 것은 국경과 국적, 힘의 균형, 제국의 강화, 강력하고 위험한 미래의 적을 약화시키는 일, 복수 그리고 감당할 수 없는 금전적 부담을 패자의 어깨로 옮기는 일이다.

1919년 6월 5일 36번째 생일을 맞는 케인스는 베르사유 조약이 승인되자 패전국에 부과된 '카르타고적 화평(패자에게 가혹한 화평 조약 - 옮긴이)'에 대한 항의로 사임한다. 공직 신분에서 벗어난 지 몇 달 만에 그는 파리평화회의의 빛을 바래게 하는 평론을 발표했다. 1919년 12월 발간된 『평화의 경제적 귀결The Economic Consequences of the peace』은 세상을 떠들썩하게 만들었다. 발간 1년 만에 11개국 언어로 번역되어 10만 부 이상 팔려나갔다. 이 책에서 케인스는 적대적인 배상 조항으로 인해 유럽 대륙은 다시금 몸살을 앓게 될 것이라고 예견했다.

🌿 우리가 중부 유럽의 궁핍화를 의도했다면, 예언하건대 복수는 금세 찾아올 것이다. 반작용 세력들 간에 일어날 최후의 전쟁을 장기간 지연시킬 수 있는 것은 아무것도 없다 이를 통해 독일과의 전쟁에서 겪었던 공포쯤은 아무것도 아닌 것이 되어버릴, 즉 승자가 누구냐에 관계없이 우리 세대의 문명과 진보를 송두리째 파괴해버릴 절망적인 대격변이 찾아올 것이다.

재무성에서 사임한 뒤 케인스에게는 또 다른 수입원이 절실히 필요했다. 블룸즈버리 그룹 시절부터 몸에 배어온 사치스런 생활방식을 유지하기 위해서도 돈이 필요했다. 케인스는 필요한 돈을 마련하기 위해서 막대한 외환 투기에 나섰다. 『평화의 경제적 귀결』에서 표현한 비관적 견해를 입증하기 위해 그는 유럽 대륙의 주요 통화에 대해서는 매도 포지션을, 미국 달러에 대해서는 매수 포지션을 취했다. 케인스는 자기만큼 투기판에 뛰어들기에 가장 이상적인 조건을 갖추고 있는 사람도 드물다고 믿었다.

케인스는 케임브리지 대학에서 관련 과목을 강의할 정도로 재무와 환換에 대해 잘 알고 있었다. 또한 재무성에서의 근무 경력은 국제 정처의 현실과 자본 흐름의 상호작용을 이해하는 데 도움이 되었다. 또한 그의 거래활동을 기꺼이 지원하려는 투자자 집단에도 언제든 접근할 수 있었다. 동시대인인 윈스턴 처칠처럼 케인스도 대부분의 비즈니스를 침대에서 빈둥거리며 처리했다. 케인스의 전기 작가 중 한 사람은 다음과 같이 말했다.

❧ 이런 금전적 의사결정 가운데 일부는 아침에 침대에서 일어나기도 전에 이뤄졌다. 그는 자신의 중개인으로부터 전화로 보고를 받고, 신문을 읽은 후 투자 결정을 내렸다.

투자는 가치 있는 도전

케인스는 부의 추구와 돈에 대한 태도에서 모순적인 성격을 극명하게 보여주고 있다. 케인스는『평화의 경제적 귀결』에서 즐김의 대상인 예술을 복리 이자보다 하등한 것으로 여긴다며 '불로소득 부르주아'들을 맹비난하였다. 하지만 이 정의로운 저자는 불과 2년 만에 이 같은 독설의 수위를 눈에 띄게 낮추었다.

1921년 신입 사도회 멤버들을 위한 연설에서 케인스는 그 무렵 사망한 사도회원 한 사람에 대해 언급했다. 그는 사업가로 살기 위해 학계를 떠난 인물이었다. 케인스는 그의 지적인 능력이 돈을 사랑하는 일과 연관되는 평범한 능력 이상이었다고 말했다. 그는 고인이 돈을 번 행위는 탐욕이 아니라 예술성에서 나온 것이라고 말했다. 그러면서 그는 시인이며 부자라는 흥미로운 혼혈 이미지를 불러냈다. 이런 사람은 비싼 대가를 치르더라도 모든 참가자들과의 경쟁을 통해 시끌벅적한 세상에 참여하며, 다양한 재능을 실현해나간다는 것이었다.

케인스는 학부생들에게 돈벌이를 하나의 위대한 게임, 즉 영리한 사람들이 지적 우위를 이용해 짭짤한 수입을 올릴 수 있는 판돈 큰 체스 게임과 같다고 말했다. 표면적으로는 옛 사도회원에 대한 고별사였지만, 케인스는 이를 통해 금융 및 투기판에서 취해온 자신의 행보를 정당화하려 했다. 한편으로 케인스는 부의 추구를 경멸했다. 이에 대해 그는 다음과 같이 말했다.

🌿 돈을 소유의 대상으로 사랑하는 행위는 특별한 치료를 필요로 하는 정신질환이나 범죄의 일종으로 간주될 것이다.

하지만 현실적인 측면에서 보자면 케인스는 도스토예프스키의 말처럼 돈을 '주조鑄造된 자유'이며, '즐거움과 인생의 현실'이 이 안에 숨어 있다는 사실을 받아들였다.

케인스는 금융의 세계에 뛰어들었다. 하지만 돈벌이라는 일이 자신을 좀먹게 만들도록 놔두지 않았다. 그에게 돈벌이는 하나의 재미, 목적을 위한 수단, 보다 가치 있는 도전을 위한 도구로 남아 있어야 했다. 그리고 돈에 대한 지나친 사랑을 고백하는 사람들을 상대로 돈을 벌 수만 있다면, 액수는 많을수록 좋았다.

투자의 시련기와 낙관주의

1919년 이전까지 케인스는 금융시장에 그다지 큰 관심이 없었다. 기록에 따르면 그는 22세이던 1905년에 첫 투자를 했다. 그는 생일에 받은 돈과 학교에서 받은 상금을 모아 처음으로 보험회사의 주식을 샀다. 그리고 이후 엔지니어링 회사의 주식도 샀다. 케인스의 가까운 지인이었던 클라이브 벨은 1914년 초까지도 금융시장에 대한 케인스의 관심은 크게 불붙지 않았을 거라고 추측했다.

🌿 케임브리지 재학 당시나 초기 런던 시절만 해도 그는 '주식거래판'을 거들떠보지 않았다. 그러던 어느 날 <더 타임스>의 크리켓 점수판을 읽는 데 신물이 난 케인스는 아침에 차를 마시는 동안 주식 공부를 하기 시작했다.

케인스는 1919년까지는 투자를 하는 둥 마는 둥 했지만, 대부분 보통주로 이뤄진 그의 포토폴리오의 평가액은 꾸준히 올랐다. 1918년 말에 그는 벌써 9,428파운드에 달하는 증권을 보유하고 있었다. 이는 오늘날의 가치로 대략 62만 5,000달러 정도가 된다.

그가 진지하게 투자에 뛰어든 것은 『평화의 경제적 귀결』의 수정 작업에 한창이던 1919년 8월이었다. 그는 전쟁 전 금태환제의 고삐에서 풀려난 환율이 들쭉날쭉 요동치는 외환시장에 집중적으로 투자했다. 케인스의 전략은 간단했다. 자기 책에 쓴 견해대로 몇몇 유럽 통화에 대해서는 매도 입장을, 미국 달러에 대해서는 매수 입장을 취했다. 이 전략으로 엄청난 성공을 거둔 케인스는 5개월 만에 6,000파운드가 넘는 이익을 실현했다. 오늘날의 돈으로 환산하면 37만 5,000달러 정도다. 이에 고무된 케인스는 어머니에게 다음과 같이 편지를 썼다.

🌿 돈이란 재미있어요. 약간의 특별한 지식과 경험만 있으면 저절로(그야말로 거저) 굴러 들어오네요.

처음부터 대성공을 거두자, 케인스는 더 큰 계획을 세웠다. 재무성 재직 당시 동료였던 오스왈드 포크와 팀을 이뤄 환 변동에 투자하는 신디케이트(금융기관들의 연합으로 이루어진 차관단)를 만든 것이다. 버크마스터&무어라는 이름을 내건 증권회사의 파트너였던 '교활한' 포크는 케인스만큼 카리스마적인 인물이었다. 시티의 한 인사는 포크에 대해 이렇게 회고했다.

🌿 자신에게 하고 싶은 대로 할 수 있는 전권을 주지 않으면 어떤 개인투자자도 보살펴주지 않았다. 그 이유로 가련한 제물들은 시장에서 단단히 한몫 잡거나, 완전히 참패해 사라져버리거나 둘 중 하나였다.

케인스는 자신의 금융시장에 대한 투자가 아버지에게 충격을 줄 것이라고 예상했다. 하지만 가족과 친구들은 그의 사업을 열정적으로 지지했고, 순식간에 3만 파운드에 달하는 돈이 모였다.

1920년 1월 케인스와 포크는 구상해뒀던 사업에 착수했다. 그러나 포크는 통화시장에 유동성이 부족하다고 생각해 착수한 지 얼마 되지 않아 신디케이트에서 손을 뗐지만, 케인스는 버텼다. 그리고 착수 3개월 만에 9,000파운드에 달하는 수익을 실현했다. 하지만 5월이 되자 시장은 신디케이트에 불리해졌고, 손실이 불어나기 시작했다.

그해 중반 케인스는 신디케이트가 막대한 손실을 보이고 있다고 말했다. 스토아 철학(그리스의 금욕주의적 철학-옮긴이)에 심취해 있던 케인스는 "끔찍한 시간이었지만 나는 계속 철학적 자세를 유지했다"라고 블룸즈버리 그룹의 멤버인 바네사 벨(영국 화가-옮긴이)에게 털어놓았다. 그의 부모도 손실을 아량 있게 받아주었던 것으로 보인다. 케인스의 어머니는 당시를 이렇게 회고했다.

> 🌿 신을 달래기 위해 뭔가를 던져버리는 게 필요한지도 몰랐다. 신이 그 정도 돈에 만족한다면 우리는 그걸 신에게 내어주는 것을 아까워하지 않을 것이다.

케인스는 대담하게도 자신을 내동댕이친 말에 다시 올라탔다. 그는 자신의 개인 주식 포트폴리오를 청산해 돈을 마련했다. 그리고 『평화의 경제적 귀결』의 인세를 미리 받아오고, 에드워드 왕의 개인 자산관리자인 어니스트 캐슬 경을 회유하여 5,000파운드를 빌렸다. 캐슬 경에게 쓴 편지에서 케인스는 이렇게 말했다.

> 🌿 비록 나의 재원은 다 고갈됐지만, 외환시장에는 다시없을 투자 기회가 있다고 생각합니다. 몇 달 정도만 시련을 참아낼 준비가 되어 있다면 경께서는 상당한 수익을 보상받을 확률이 매우 높습니다.

케인스의 낙관주의는 맞아떨어졌다. 그는 1920년 말 캐슬 경의 돈을 모두 갚았고, 1922년 12월에는 신디케이트의 부채를 모두 청산하고도

2만 1,000파운드나 되는 순이익을 남겼다. 현재 가치로 환산해보면 150

만 달러에 이르는 금액이었다.

경제학자와 로맨스

시티에서의 케인스의 활약은 요동치는 외환시장에만 국한되지 않았
다. 공직자 출신이라는 이력에 걸맞게 신사로서의 소명에도 충실하여
여러 보험 및 투자회사의 이사직을 수락했다. 그는 1919년 9월 국민상
호생명보험에서 처음으로 중역의 자리에 앉은 뒤, 1920년대 초반 런던
에 있는 여러 금융회사의 이사 직함을 수집하다시피 했다. 시티 밖에서
는 1919년 후반 킹스칼리지의 부 투자 담당관으로 선출된 데 이어, 5년
뒤 투자 담당관 자리를 이어받았다.

그는 1925년까지 주류 사회 및 명사들과 화해 모드를 이어갔다. 그
러던 1925년 어느 날 블룸즈버리 그룹 멤버들의 귀를 의심케 하는 일이
일어났다. 이 독신주의 사내가 러시아 출신 발레리나 리디아 로 포코바
와 결혼을 발표한 것이다. 이 결혼은 전 세계 언론의 헤드라인을 장식
했다. 케인스는 『평화의 경제적 귀결』로 어느 정도 명성을 얻었지만, 이

뉴스에서는 외국인 신부의 조연에 머물렀다.

리디아는 타블로이드판 신문의 사랑을 받아온 인물이었다. 어릴 때부터 러시아 황제를 위해 춤을 췄고, 알 졸슨(러시아 태생의 미국 팝가수─옮긴이)과 함께 뉴욕에서 보드빌(1890년대 중엽에서 1930년 초 사이에 미국에서 인기 있었던 연예 쇼)에 출연했으며, 작곡가 스트라빈스키의 연인이었다. 그뿐만 아니라 1919년에는 한 러시아 장성과 사랑의 도피행각을 벌이기 위해 발레 뤼스(1909년 러시아 발레 감독 세르게이 디아길레프가 파리에 세운 발레단)를 뛰쳐나온 일로 런던 신문의 헤드라인을 장식하기도 했다.

이 둘의 결혼식 날 세인트팽크라스(런던 중앙 북부의 옛 자치구─옮긴이) 호적등기소 밖에는 이 유명 인사의 결혼식을 취재하기 위해 몰려온 기자들로 북새통을 이뤘다. 호리호리하고 약간 구부정한 케인스는 짙은 색 슈트를 입고 겸연쩍어하는 듯했지만, 자그마한 리디아는 전문가답게 사진기자들의 플래시 세례에 당당하게 자신을 내보였다.

케인스는 냉소적인 블룸즈베리들과는 전혀 다른 리디아의 어린아이 같은 열정과 더듬거리며 실수를 연발하는 영어에 매료됐다. 케인스는 낭만적인 것들을 선호하는 사람이었다.

환시장에서 주식시장으로

케인스가 바람둥이에서 충실한 남편으로 변신한 것에 필적할 만한 또 다른 변화가 생겨났다. 환시장의 분탕질과 소용돌이에서 한발 떨어져 주식시장이라는 좀 더 문명화된 환경 속으로 들어선 것이다. 환 투기에서 멀어지게 된 것은 윈스턴 처칠 때문이었다. 당시 재무장관이었던 처칠은 1925년 영국 화폐를 금본위제로 복귀시켰다. 파운드를 고정시킴으로써 환시장에서의 가격 변동 폭은 급속히 줄어들었으며, 이에 따라 투기꾼이 이윤을 취할 기회도 줄어들었다. 케인스는 이 움직임을 격렬히 반대했다. 그러나 단지 자신의 호구지책을 빼앗길 것이라는 이유 때문만은 아니었다.

리디아와 결혼하던 해인 1925년 8월 출간된 『처칠의 경제적 귀결The Economic Consequences of Mr. Churchill』에서 그는 다음과 같이 주장했다.

🌿 재무장관은 기성 금융계의 시끌벅적한 목소리에 귀머거리가
되었다. 그는 미국 달러 대비 영국 화폐의 가치가 전쟁 이전의
환율 수준으로 회복되어야 한다고 주장하는 전문가 참모들 때
문에 잘못된 길로 들어섰다.

케인스는 이 '전문가'들이 1차 세계대전 이후 10여 년 동안 파운드화
가 크게 약화되었다는 가능성을 받아들일 의사가 없다고 보았다.

케인스는 강한 통화를 유지해야 한다는 그들의 고집(어느 정도는 국
가적 자부심이라는 모호하고도 잘못된 개념으로부터 비롯된 것이라는 의심
도 받는) 탓에 많은 영국 수출품이 시장에서 퇴출되는 결과를 초래할 것
이라고 주장했다. 이로 인해 실업률은 증가하고, 그렇지 않아도 허약한
경제는 더욱 취약해질 것이라고 말했다. 이처럼 열을 올려 반대했지만
대부분 무시됐다. 그는 〈더 타임스〉에 보낸 기고에서 다음과 같이 절망
적인 심정을 털어놨다.

🌿 시티에서 금융 개혁에 대해 토론하는 것은 60여 년 전 주교와
진화론에 대해 논쟁하는 것과 같다.

복리 기계에 빠지다

영국이 금본위제로 복귀해야 한다는 설득에 넘어가 환거래의 기회가 크게 위축될 무렵, 공교롭게도 케인스는 주식에 대한 재미있는 작은 책 한 권을 발견했다. 그 책은 에드가 로런스 스미스의 『장기 투자처로서의 보통주Common Stocks as Long-term Investments』였는데, 1866년부터 1922년까지 미국 보통주와 채권의 상대적 성과를 분석하고 있었다.

스미스는 인플레이션 시기에는 보통주 투자수익률이 채권투자를 앞서지만, 가격 하락기에는 반대가 될 것이라는 가설을 세웠다. 명백하게 합리적인 가설이었다. 기업은 원가를 상쇄할 만큼 가격을 올려 인플레이션을 방어할 수 있지만, 지속적으로 가격이 상승하는 환경 속에서는 채권 이자가 고정돼 있기 때문이다.

1920년 초반 주식이 인플레이션의 방패막이 역할을 한다는 점은 단순히 학술적적 속의 각주로 머물 만한 사실이 아니었다. 1차 세계대전의 파괴로 쇠약해지고, 보상 의무를 완수하기 위해 죽을힘을 다해야 했던 유럽 대륙의 많은 나라들이 상상을 초월하는 인플레이션으로 고통받고 있었다. 가장 극단적인 예로 독일 정부는 엄청나게 돈을 찍어댄 나머지 온 나라가 하이퍼인플레이션에 사로잡혔다.

1922년 200마르크도 되지 않던 빵 한 덩이 가격이 1923년 11월에는 2,000억 마르크로 치솟았다. 독일의 소비자들은 손수레 가득 현금을 싣고 가게로 들어가서는 한두 개의 물건만 겨우 사 들고 나올 수 있었다. 이런 상황에서 구매력의 상대적 감소에 아랑곳하지 않고, 고정 금액만 지급하는 채권과 은행예금의 가치는 곤두박질치게 되었다.

1920년대 중반에 접어들면서 주식이 인플레이션 방어 수단으로 가치가 있다는 점이 서서히 이해되었다. 하지만 반대 상황, 즉 디플레이션 시기에는 채권 수익률이 주식을 압도한다는 기존의 지혜도 고집스레 유지되고 있었다. 하지만 주식과 채권의 상대적인 이점에 대한 스미스의 연구는 예상치 못한 결과를 초래했다. 스미스는 인플레이션 시기뿐만 아니라 물가 하락기에도 보통주의 수익률이 채권을 압도한다는 점을 발견했다. 이런 결과가 나온 요인은 여러 가지이지만, 스미스는 가장 중요한 것으로 보통주에 내재된 '복리 효과'를 꼽았다. 케인스는 스미스의 책에 대한 서평을 통해 이렇게 말했다.

🌾 일반적으로 제대로 경영되고 있는 제조업체들은 주주들에게

벌어들인 이익 전액을 나눠주지 않는다. 해마다 그러지는 못하겠지만, 업황이 좋은 해에는 이익의 일부를 유보해 기업에 재투자한다. 따라서 이런 주식에는 건전한 기업투자를 활성화하는 복리의 요소가 있다. 오랜 기간에 걸친 건전한 기업 자산의 실질가치는 주주에게 주어지는 배당금과는 별개인 복리로 증가한다. 따라서 주식의 장기적 수익률은 최초의 확정 금리보다 높다.

스미스의 단순하지만 심오한 관찰에 따르면, 주식은 배당뿐만 아니라 유보된 이익의 재투자를 통해 자본까지 키워주는 사실상의 '복리 기계'이다. 이것이 1920년대 중반 '보통주 숭배'를 불러일으킨 핵심적인 요인이었다.

보통주 전도사로 나서다

'복리의 화려한 미덕'에 유혹당한 케인스는 서평이나 주주총회는 물론, 투자 파트너들에게 보내는 편지를 통해 주식의 미덕을 극찬했다. 스미스의 연구 결과에 대한 케인스의 설득력 있는 주장이 힘을 얻게 되면서 보통주가 정당한 투자 수단이 되었다. 하지만 투자회사와 대학에 기금을 주식에 투자하라고 설득하는 일은 쉽지 않았다. 당시 대부분의 금융기관은 기업이 벌어들인 이윤에 따라 배당액이 변하는 주식을, 언제라도 예측 가능한 이자 및 임대료 수입을 발생시키는 채권이나 부동산보다 더 위험한 투자 수단으로 보았다. 적어도 20세기 초 투자자들은 확실히 채권을 선호했다.

하지만 케인스는 이에 굴하지 않고 쉴 새 없이 동료들을 설득한 끝에 마침내 승리했다. 1926년에 이미 국민상호생명보험 펀드의 보통주 투자비중은 영국의 기타 생명보험회사의 평균 주식 보유비율의 3배를 넘어섰다. 마찬가지로 케인스가 꾸준히 로비한 끝에 부동산과 채권에만 집중됐던 킹스칼리지 '체스트 펀드(케인스가 관리의 방향에 대해 전권을 가졌던 기부 기금)'의 투자 범위가 주식투자로까지 확대되었다.

체스트 펀드의 투자 대상을 확대하려는 케인스의 캠페인은 대학 후견인들의 보수주의뿐만 아니라, 특정 투자를 금지하는 고루한 규정까지 돌파하려는 싸움이었다. 당시 학교에는 이런 음모론이 떠돌기도 했다. 케인스가 킹스칼리지에 한 법학 강사의 임명을 반대했는데, 그 이유는 전문가의 세밀한 감사가 따를 경우 주식투자를 금지하는 대학 측의 어떤 은밀한 법규를 체스트 펀드가 위반하고 있다는 사실이 드러날 것을 두려워했기 때문이라는 것이다.

월스트리트에 눈을 뜨다

햇병아리 투자 매니저 케인스에게는 불운한 일이었지만, 당시 영국 주식의 투자 전망은 이례적일 정도로 재미없어 보였다. 영국 경제는 1920년 반짝 호황을 누린 뒤 기나긴 겨울로 접어들었다. 독일과 그 동맹국의 패배는 '피루스의 승리(너무 많은 희생을 치르고 얻은 승리를 일컬음옮긴이)'였다. 1차 세계대전으로 인해 구세계로부터 신세계로의 권력 이동이 서둘러 결정됐다. 전쟁 막바지에 영국의 역외 자산은 4분의 1가량 줄어들었다. 그 대부분이 군비 공급의 대가로 미국에 저당 잡혔기 때문이다. 그뿐만 아니라 세계 최대 채권 국가라는 자리도 과거 식민지였던 국가에게 양도해야 했다.

1925년에 이르러서도 영국의 제조업이 전쟁 전 수준을 회복하지 못하자, 이를 부양하기 위한 노력이 이어졌다. 하지만 금본위제의 제도입으로 가로막히게 되었다. 케인스는 이를 '금 족쇄'라고 말하며 비웃었다. 1920년대 노동인력 10명 가운데 1명가량이 실직자인 상황에서 영국 경제는 침체를 벗어나지 못했다. 주식시장 역시 1920년대 내내 동반 침체됐다.

영국의 상황과는 대조적으로, 케인스는 '번영의 밀물'이 미국의 해변을 씻어 내렸다고 말했다. 진작부터 비틀거리던 국제 금본위제를 보며 연방준비은행은 미국의 금리를 낮췄다. 이처럼 돈의 가치가 하락한 것도 한 원인이 되어 후일 F. 스콧 피츠제럴드가 "먹고 마시고 흥청대는 역사상 가장 비싼 술판"이라고 말한, 인류 역사상 가장 부유한 시대가 열리게 되었다.

투자자에게 신뢰의 바로미터인 다우존스산업지수는 중력이나 상식에 아랑곳하지 않고, 1920년대 후반 몇 년간 거의 수직 상승했다. 월스트리트는 1929년 9월까지 18개월 동안 직전 5년간의 상승폭을 모두 합친 것보다 더 크게 뛰어올랐다. RCA^{Radio Corporation of America}같은 당시 최고 선호 주는 이 기간 내내 2배로 뛰었고, 또 뛰기를 거듭했다.

케인스는 미국에 대해서는 양면적인 태도를 보였다. 그는 한때 이렇게 말했다. "내게 미국 방문이란 항상 심각한 질병에 걸렸다가 회복되는 과정처럼 느껴진다." 하지만 월스트리트에 대한 그의 열망만은 참된 것이었다. 다른 많은 사람들처럼 케인스는 저물어가는 유럽에서 대서양 건너 뉴욕의 밝은 빛과 생기 넘치는 에너지를 갈망의 시선으로 바라보았다. 전신電信 서비스의 도입으로 역외투자가 쉬워지면서, 유럽의 투기 자본은 자연스레 월스트리트에서 기업을 사들이는 일을 자신들의 목표로 삼게 됐다.

1920년대 케인스의 달러거래는 그의 개인 포트폴리오에서는 매우 작은 부분에 불과했다. 하지만 그의 투자회사 가운데 일부가 미국 유가 증권에 거액을 투자하고 있었다. 결과적으로 그는 지대한 관심을 갖고 뉴욕 증시를 관찰하게 되었다. 케인스는 1920년대 말 열광과 광기에 사로잡힌 월스트리트의 극단적인 투자 철학들을 만나게 되면서 주식시장의 진정한 본질을 알게 되었다.

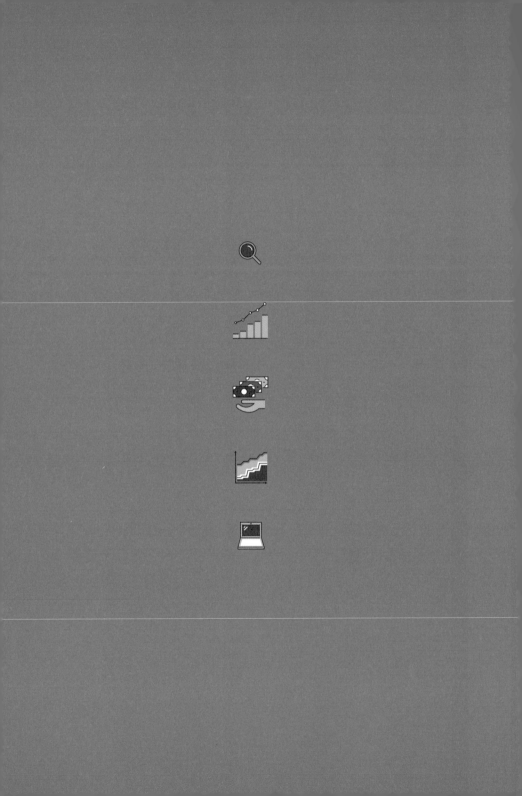

STOCK
2

투기꾼,
게임을 하다

▲ 10

▼ 100

미래에의 낙관

미국은 1차 세계대전 이후 절뚝거리고 있는 유럽을 발판 삼아 살을 찌웠다. 미국은 세계 경제의 초강대국으로 부상했지만, 구세계(유럽)로 잠깐 탈선했던 때의 경험으로 인해 미국 경제는 내부로만 향하고 있었다. 새로 발견한 부를 이용하여, 미국은 흥청망청 대규모 소비를 장려하는 치료법에서 위안을 구했다.

전쟁 동안 연마된 대량 생산 기술은 민간의 영역, 즉 미국 공장의 생산 라인에서 쏟아져 나오는 라디오, 자동차, 기타 많은 가전용품에까지 적용됐다. 이 엄청난 생산량을 흡수하기 위해 소비자의 왕국이 만들어졌다. 광고가 판을 치고, 대출이 쉬워지면서 미국인들은 청교도적 과거를 청산하고 물질주의를 받아들이라는 설득에 시달렸다. 소유와 소비를 조장하는 환경에서 주식시장은 전 국가적인 관심사가 됐다. 1929년 미국을 찾은 한 영국인은 이렇게 말했다.

🌿 금주법이나 헤밍웨이, 에어컨이나 음악, 말에 대해서 말할 수 있지만 궁극적으로 여러분은 주식시장에 대해 얘기해야 한다. 그래야 대화가 진지해진다.

호텔 보이와 구두닦이 소년이 주식 정보를 퍼뜨렸고, 투기꾼들은 신용으로 주식을 사들였다. 월스트리트의 주식 중개인들은 대서양을 가로질러온 유럽의 고객들을 위해 원양 정기선에 사무실을 열었다. 이 같은 분위기 속에서 다우존스산업지수는 몇 년 만에 2배로 상승하였다.

몇몇 논평가들은 글로벌 시스템이 전쟁으로 인한 부채와 쉽게 벌어들인 돈으로 이뤄진 국내 경제의 혼란 사이에서 균형을 이루지 못하고 있다고 지적했다. 그들은 떠들썩한 광란의 1920년대가 지나고 나면 엄청난 후유증이 뒤따를 것이라고 예언했다. 그러나 이들의 예언은 대부분 무시됐다. 월스트리트의 전문가들은 금주법의 영향으로 노동자의 생산성이 높아지고 있고, 무엇보다 주식시장의 기초 체력이 튼튼하다고 말하는 미연방준비제도이사회의 주장이 강력한 영향력을 행사하고 있다고 말했다.

1929년 늦여름, 프린스턴 대학의 조셉 스태그 로런스 교수는 다음과 같은 주장을 했다.

🌿 경외할 만한 시장인 증권거래소에서 가치 평가에 참여하고 있

는 수백만 명의 판단은 다음과 같이 일치하고 있다. 현재 주가가 과대평가되어 있지 않다는 것이다. 이 집단지성의 판단에 거부권을 행사할 만한 지혜를 가진 사람들은 어디 있단 말인가?

집단지성

　로런스 교수가 '집단지성(의사결정자 집단 전체가 그 부분의 합보다 훨씬 강력하다는 생각)'에 대해 느낀 경외감은 이후 나오게 된 '효율적 시장 이론'을 예감하게 해주는 것이다. 효율적 시장 이론에 따르면 주식시장은 로런스 교수의 말처럼 '수백만 명의 판단이 이룬 합의'가 만나는 장소다. 이 장소는 대중을 한 곳으로 끌어들여 주가에 영향을 미칠 수 있는 모든 정보를 통합한다. 효율적 시장 이론의 창시자인 유진 파머는 이 가설을 다음과 같은 말로 설명한다.

　🌿 효율적 시장에서는 수많은 지적인 참가자들 사이의 경쟁으로 인해 개별 주식의 매매 가격은 그 어떤 시점에서든 이미 일어난 사건이나 시장이 현재 일어날 것이라고 기대하고 있는 미래 사건에 대한 정보를 반영하고 있다.

'집단지성' 개념을 지지하는 많은 경험적 증거가 로런스 교수와 파머의 주장을 옹호하고 있다. 그들의 말에 따르면 우리는 소위 '누가 백만장자가 되고 싶은가(거액을 내건 영국의 인기 퀴즈쇼-옮긴이)' 현상에 맞닥뜨린 셈이다. 이는 스튜디오에 나온 방청객들 중 90% 가까이 정답을 맞춰 전문가의 정답률을 훌쩍 뛰어넘는 현상이다. 선거 결과나 경마에서의 승률 예측, 심지어 항아리 속에 든 젤리빈(콩 모양의 젤리 과자-옮긴이) 개수 맞추기 등의 사례에서도 집단이 개별 구성원들보다 똑똑하다는 것을 확인할 수 있다.

주식시장은 수많은 개인들의 다양한 관점을 흡수한다. 이 개인들은 모두 주식을 살 것인지 팔 것인지를 놓고 '투표'를 한다. 이론적으로 주식시장이란 집단지성이 나타나기에 효과적인 장소이어야 한다. 금융시장에서 이익을 볼 기회를 찾아 날아든 수많은 개인들의 결정을 통합하고, 이 판단들을 재빠르고 투명하게 결집해야 한다. 주가에 대한 투자자들의 '투표'는 다양한 정보 습득, 서로 다른 투자 지평, 대비되는 투자 스타일 등에 대해 투자자들이 갖고 있는 다양한 전망을 행동으로 옮기는 것이다.

효율적 시장 이론을 옹호하는 사람들은 경쟁적 의견이 원기왕성하게 부딪치는 이 각축장에서 주가가 결정된다고 생각한다. 이때의 주가는 개별 주식에 대한 공개된 정보를 모두 포함하고, 적절한 비중으로 반영하고 있다고 주장한다. 효율적 시장 이론에 따르면 시장을 뛰어넘는 수익률에 도전하는 것이 무모하다는 결론이 도출된다.

　노벨상 수사자인 폴 새뮤얼슨은 주식시장에는 숨겨져 있는 거래나 과대평가된 시한폭탄 따위가 없다는 것이 효율적 시장 이론의 가르침이라고 설명한다. 효율적 시장 이론의 신봉자들은 시장이란 조물주처럼 전능하기 때문에 오류가 없다고 생각한다. 그렇기 때문에 이 전지전능한 실체를 이기기 위해서 시간낭비를 하느니, 그냥 굴복하는 것이 낫다고 생각하는 것이다.

집단이 편한 개인

개인은 때로 독립성 따위는 벗어던지고 군중 속에서 편안함을 찾는다. 인간은 사회적 동물이기 때문에 다른 사람들이 던져준 단서에 의존하고 싶어 한다. 대중에 동조하고자 하는 경향은 본능적인 것이다. 원시인이 두려움에 일그러진 얼굴로 우르르 자기 곁을 스쳐 지나가는 많은 사람들을 본다면, 그 대열에 합류하지 않을 수 없을 것이다. 그렇지 않은 사람은 후대에 자신의 유전자를 전하기 어렵다. 군중의 흐름에 섞여 들어가는 것은 인간의 가장 원초적인 반응이다. 공포에 사로잡혀 있거나, 불확실성의 시기에는 특히 더 그렇다. 하지만 보다 안정된 환경에서도 개인은 다수의 승인을 얻고 싶어 한다.

1950년 실시된 애쉬(20세기 미국에서 활동한 사회심리학자-옮긴이)의 동조실험을 예로 들어보자. 실험 대상으로 참가한 학생들은 몇 개의 직선 길이를 판별하라는 요구를 받는다. 그런데 여기에는 함정이 있다. 한 학생만 빼고 모두가 실험 관련자들인 것이다. 이들은 실험을 시작하기 전에 오답을 말하라는 주문을 받았다. 실험 결과 실험 관련자들의 답변이 분명 사실과는 불일치했음에도 불구하고 실험 대상자 중 3분의 1이 잘못된 의견을 따랐다. 그 이유는 다수가 틀릴 수 없다는 믿음 때문이었다.

이런 상황에서 대중의 지혜는 집단순응사고로 퇴보한다. 즉 의견일치가 이뤄진 것으로 보이는 사안에 각각의 그룹 구성원들이 순응하게 되는 것이다. 주식시장에서는 특히 대중을 추종하려는 경향이 나타나기 쉽다. 시류에 편승하려는 이러한 현상은 '신경제' 산업이라는 미답의 약속의 땅을 가로지르며 뚜렷이 나타났다. 1940년대의 철도, 1920년대의 라디오, 1960년대의 트랜지스터 등이 그런 산업의 예다. 투자 대중에게 신기술이 상업적으로 증명되지도 않았고, 충분히 이해되지도 않았지만 투자자들은 이에 대해 잘 알고 있는 듯한 사람들의 조언을 순순히 받아들인다.

1990년대의 닷컴 버블 붕괴는 20세기에 일어난 마지막 투기적 광기였다. 이번에는 버블 형성의 삼위일체, 즉 부상하는 기술과 새로운 상업적 기회 그리고 채팅방에서의 집단사고가 스스로를 증식시켜나갈 수 있는 수단 등을 통해 나타났다. 이것들은 스스로 번성할 환경을 조성하는 자기복제 바이러스처럼, 데이 트레이더들이 감당할 수 없는 수준까지 '신경제' 주식에 베팅하는 가운데 인터넷 버블은 인터넷 자체를 자양분 삼아 몸집을 키워갔다.

정보의 폭포와 쏠림 현상

케인스는 자신이 빨리 돈을 벌고 싶어 하는 묘한 열정을 가지고 있다고 말했다. 경쟁심과 부러움은 강력한 자극제이지만, 남들만큼 살고 싶다는 욕망은 때로 쏠림 현상을 부르기도 한다. 경제학자 찰스 킨들 버거는 이러한 현상에 대해 다음과 같이 삐딱하게 말했다. "친구가 부자가 되는 것을 보는 것만큼 자신의 행복을 해치고, 판단을 그르치게 하는 것도 없다."

　주식시장에서 쉽게 돈을 벌 수 있다는 기대감은 사람들을 투기에 뛰어들게 한다. 증시 활황기에 투자자 집단 중에서 조심스러운 쪽에 속하는 사람들은 기업가적 열정이 없다는 비판을 받기도 한다. 1840년대 영국의 철도주를 휘감았던 '투기의 소용돌이'를 목격한 어떤 사람은 이렇게 말했다.

🌿 당시 투기 영향에서 벗어나 있었던 소수의 과묵한 사람들은 자주 비난의 대상이 됐다. 사방에서 쏟아져 들어오는 부의 축적 가능성을 거부함으로써 그들이 가족에게 나쁜 짓을 하고 있다는 것이었다.

'정보의 폭포(사람들이 자기가 얻은 정보보다 대중의 흐름에 편승해 결정을 내리는 현상-옮긴이)'에 대한 주식시장의 민감도를 가장 강력하게 설명하는 것은 때때로 쏠림 현상이 이성적인 전략이 될 수 있다는 것이다. 하지만 이것은 단기적인 경우에 해당된다. 주가가 계속 오르면 사람들은 주식을 더 사려고 할 것이다. 이에 따라 주가는 더욱 상승하게 되는 것이다.

경제학자 존 케네스 갤브레이스는 자신의 책『금융 환상의 역사A Short History of Financial Euphoria』에서 이 같은 '선순환 피드백'의 메커니즘에 대해 이렇게 설명했다.

🌿 금융시장에서 새롭고 그럴듯해 보이는 물건이나 발전은 사람들을 사로잡는다. 투기 대상의 가격이 솟아오른다. 가격이 뛰고 앞날에 대한 기대감이 부풀어 오르면서 새로운 매수 주체는 유혹을 받게 된다. 새로운 매수자들은 미래에 가격이 더 뛰어오를 것이라고 확신한다. 더 많은 사람들이 유혹을 받게 되면서, 더

높은 매수세가 붙는다. 그리고 상승은 지속된다. 투기는 투기 위에서 생겨나며, 그 자체의 모멘텀을 제공한다.

치솟는 가격은 더 치솟는 가격을 부르며 엄청난 순환을 계속한다. 이런 순환 속에서 주식시장 참여자들은 특정 주식가치를 평가할 때 더 이상 자신의 판단을 적용하지 않고, 시장 트렌드를 지켜보며 거래의 지침으로 삼는다.

미인 선발대회와
신용순환주기 투자법

투기꾼들은 충분한 수익을 확보할 수 있을 만큼 시장에 머무르되, 너무
오래 머무른 나머지 약세장에 사로잡히지는 말아야 한다는 아슬아슬한
줄타기를 하고 있다. 케인스는 투기로 좀먹은 시장에서의 거래에 대해
이렇게 비유했다.

🌿 스냅 게임, 올드 메이드 게임, 의자 뺏기 게임이다. 너무 늦지도
빠르지도 않게 스냅을 외치는 사람, 게임이 끝나기 전에 올드
메이드 카드를 옆 사람에게 넘기는 사람, 음악이 멈출 때 자기
몫의 의자를 차지하는 사람이 승자가 되는 심심풀이 오락이다.
게임의 모든 참가자들은 올드 메이드 카드가 돌고 있다는 것을
알고 있으면서도, 또는 음악이 멈출 때 참가자 가운데 몇몇은
의자를 차지하지 못할 것이라는 사실을 알면서도 다들 흥분해

서 즐기는 게임이다.

투기꾼의 가장 중요한 과제는 주식 매수 및 매도의 시기를 정확하게 잡아내는 것이다. 투자에 뛰어든 초기의 케인스는 이런 믿음에 따라 투자에 성공하기 위해서는 다른 사람들이 어떤 예측을 하는지 정확하게 예측할 수 있기만 하면 된다고 생각했다. 케인스는 1920년대 말 저술한 『화폐론A Treatise on Money』에서 이 전략의 배후에 있는 이론적 근거를 제시했다.

🌿 가장 현명한 주식시장 참여자는 사건의 실제 흐름보다는 군중 심리를 예측하고, 이런 예측을 통해 비이성을 흉내 낼 때 종종 이익을 보게 된다. 따라서 군중에 의존하여 특정한 방향으로 행동이 형성되는 한, 보다 많은 정보를 가진 전문가는 비록 그것이 잘못된 것이라도 '한발 앞서' 같은 방향으로 움직이는 게 이득이 된다.

1920년대 케인스는 '신용순환주기 투자법'이라고 이름 붙인 전형적인 투기꾼의 시장 예측 접근법을 충실히 따랐다. '신용순환주기 투자법'이란 주식시장의 오래된 격언을 적용한 개념이다. 그 격언이란 '싸게 사서 비싸게 팔라'는 것이다.

케인스는 이에 대해 다음과 같이 설명했다. 보통주의 신용순환주기 투자법이란 "시장 하락기에 시장을 선도하는 주식을 팔고, 시장 상승기에는 이를 사는 것이다." 이는 증시 투자에 대한 '거시적 접근'이며, 투자 주기의 서로 다른 국면에서 전체 주식을 대상으로 적용할 수 있는 매수 및 매도의 시스템적 접근이었다.

이는 때로 '모멘텀 투자'라거나 '예측적 거래' 등 보다 그럴듯한 이름으로 포장되었다. 이러한 접근법은 주식시장의 기류 변화를 파악하고 투자 타이밍을 정확하게 잡아낼 수 있는 투자자의 능력에 달려있다. 신용순환주기 투자법을 따르는 사람들에게는 내재적 가치 평가보다는 가격 모멘텀이 가장 중요한 투자 근거가 된다. 개인의 '군중 심리'와 같이 유동적이고도 변덕스러운 것을 예측해야만 하는 이런 투자 접근법은 케인스가 훗날 알게 된 것처럼 결코 실천하기에 만만한 것이 아니다.

케인스는 이 일을 다음과 같은 예를 들어 설명했다.

🌿 100여 장 사진 가운데 가중 예쁜 얼굴 6장을 골라내야 하는 경연대회가 있다. 상은 전체 경쟁 참가자가 선호하는 평균에 가장 가깝게 일치하는 참가자에게 돌아간다. 따라서 각각의 참가자는 자기가 가장 예쁘다고 생각하는 얼굴이 아니라, 다른 경쟁자의 마음을 사로잡기에 가장 좋을 것 같다고 여겨지는 얼굴을 골라내야 한다. 참가자들은 모두 똑같이 이런 관점에서 문제를 바

라보고 있다. 이것은 자신이 최선을 다해 판단한 후 가장 예쁜 얼굴을 골라내는 것이 아니다. 또한 평균적 여론이 가장 예쁘다고 생각할 만한 얼굴을 골라내는 것도 아니다.

우리는 평균적 여론이 기대하는 평균적 여론은 어떨 것인가에 대한 예측을 하는 데 모든 노력을 바쳐야 하는 단계에 이르러 있다. 그리고 그 이상으로 더 높은 단계에서 생각하는 사람들도 분명히 있을 것이라고 생각한다.

모멘텀 투자자는 다른 사람의 마음을 미리 점칠 수 있는 '이상한 나라의 앨리스'처럼 움직인다. 사물이 끝없이 반사되는 거울 복도에서 개인들은 '평균적 여론이 기대하는 평균적 여론'이 무엇인지에 대해 통찰해야 한다.

황소의 돌진과 바보들의 행진

강한 자신감과 자존심으로 무장한 케인스는 자신이 시장 정서라고 하는 표변하는 기류를 헤쳐나가는 데 필요한 통찰력과 테크닉 그리고 민첩성을 갖추고 있다고 확신했다. 이에 대해 그는 대학 시절 친구인 리튼 스트래치에게 이렇게 뽐내듯 말했다.

> 🌿 나는 철로를 관리하거나, 신탁을 결성하거나, 그도 아니면 투자 대중을 속여 그들의 돈을 갈취해보고 싶네. 이런 일들의 원리를 터득하는 것쯤이야 너무도 쉽고 매력적이지.

마침내 케인스는 대중을 이용할 기회를 잡게 됐다. '바보'를 벗겨먹고, 자신의 지적 우월성을 증명할 기회를 말이다. 그는 성공적으로 순환주기에 올라탈 것이라고 확신했다. 능수능란하게 시장의 꼭짓점과

바닥을 짚어내고, '시장'이라고 불리는 추상적인 용어, 즉 대중의 열광과 공포를 예측해낼 수 있다고 자신했다.

케인스의 이 같은 자기과신은 1920년대 말의 무모했던 시절에 많은 사람들이 공유했던 특징이었다. 월스트리트는 투자자들의 도취의 물결에 사로잡혀 있었다. 그리고 주식시장이 거침없이 치솟는 동안에 모멘텀 투자는 모두가 승자가 될 수 있는 게임이었다. 오래된 월스트리트의 격언에 따르자면 밀물이 모든 배를 밀어 올리는 셈이었다. 몇몇 회의론자들은 1929년 여름 자신의 주식을 청산하긴 했지만, 대부분의 사람들은 맨 처음 파티장을 떠나는 사람이 되기 싫어 포트폴리오를 유지했다. 미래에 더 큰 수익이 찾아올 것을 기대하면서 말이다.

뉴욕 내셔널시티 은행장이자 유명한 시장 상승론자인 찰스 미첼은 당시의 넘치는 낙관주의를 대변할 만한 인물이었다. 1929년 9월 그는 시장이 '번영의 강풍을 가리키는 풍향계'와 같다고 말했다. 케인스와 수백만 명의 사람들에게는 안 된 일이지만, 미첼의 시장에 대한 은유는 절반의 진실일 뿐이었다. 번영의 강풍은커녕 금융 붕괴의 거대한 폭풍우가 월스트리트를 향해 다가오고 있었다.

선지자의 경고

케인스는 1929년 대공황 이전에 주식시장에 대한 비중을 크게 줄였다. 하지만 이런 움직임을 보였다고 케인스가 남들보다 선견지명을 가진 것으로 보기는 어렵다. 그렇기는커녕 이번에는 상품시장이라는 투기장에서 아찔한 모험을 감행해 다시 한 번 실패를 맛보았다. 1928년 케인스는 몇 년 동안 성공적으로 거래해오던 고무, 옥수수, 목화, 주석시장에서 기존의 포지션을 유지한 탓에 손해를 보게 되었다. 이 손실을 만회하기 위해 그는 상당한 규모의 주식을 팔아야 했다.

그리고 나서 닥친 1929년 말의 증시 격변은 안 그래도 남은 게 없던 케인스의 주식 포트폴리오에 가혹한 손실을 입혔다. 주력 종목이었던 오스틴 자동차회사의 주가는 1920년대의 마지막 두 해 동안 4분의 3 이상 폭락했다. 이 기간 동안 케인스의 순자산 총액은 80% 이상 감소했다. 1928년 초에 4만 4,000파운드에 달하던 재산이 2년 뒤 8,000파운드

이하로 줄어든 것이다. 생애 두 번째로 그는 자신이 재정적 손해의 낭
떠러지 앞에 서 있는 것을 발견했다.

이처럼 급작스럽게 재산이 증발해버렸음에도 불구하고 처음에는 케
인스 역시 1929년 말의 사건들은 단지 '일시적 조정'일 뿐이라는 낙관론
을 공유했다. 케인스는 '검은 화요일' 다음날 이런 글로 〈뉴욕 이브닝 포
스트〉 독자들을 설득했다. "상품 가격은 회복될 것이고, 농부들의 삶은
더 나아질 것이다."

하지만 1929년 11월 초 상황에 대한 그의 견해는 뚜렷하게 어두워졌
다. 케인스는 중대한 경기 하강이 임박했다고 생각했고, 월스트리트에
거액을 투자하고 있는 독립투자회사의 동료들에게 보유 주식을 팔아
부채를 청산할 것을 권하였다. 1930년 5월 케인스는 보다 많은 대중에
게 이 살벌한 메시지를 전했다.

🌿 많은 대중들이 아직 깨닫지 못하고 있는 사실은 우리가 지금 전
   세계적으로 혹독한 침체기에 빠져 있다는 점이다. 이는 역사상
   경험한 것 가운데 가장 뼈아픈 침체기의 하나로 기록될 것이다.
   이런 경기 침체에서 벗어나려면 단순히 은행 금리 조작 같은 소
   극적 처방만으로는 안 되고, 매우 적극적이고도 단호한 정책이
   뒤따라야 한다.

투기꾼의 게임을 그만두다

1930년대라는 평탄하지 않은 시간은 서서히 흘러갔지만, 선진국이 건강을 회복하고 있다는 증거는 빈약했다. 경제는 몸부림치고 있었고 실업률도 요지부동이었다. 사람들의 불만의 소리는 더욱 커져갔으며, 난폭해져갔다. 당시 영국의 실업률은 전국적으로 평균 20%, 일부 지역에서는 70%에 달했다. 유럽 대륙에서의 대공황은 사람들이 정치적 구심점을 잃고, 사회주의나 파시즘 등의 극단으로 쏠리게 하는 거대한 원심분리기 역할을 했다.

케인스의 불길한 예언은 현실이 되었다. 그는 베르사유 조약이라는 '빌어먹을 재앙의 문서'를 근거로 동맹국에서 차출하는 가혹한 조공에 대해 경고했다. 또한 전쟁 전의 환율을 기준으로 하는 금본위제로 회귀한다면 교역과 자본의 흐름은 심하게 왜곡될 것이라고 예측했다. 그는 세계가 더욱 깊은 수렁 속으로 비틀거리며 들어서고 있는 상황에서 갈

수록 보호주의자가 되어가는 정부가 '근린궁핍화' 정책을 펴는 것을 비관적으로 보아야 한다고 말했다.

영국에서 이미 10년 가까운 경기 후퇴를 겪었던 케인스는 대공황이 그저 경기순환 현상 이상이라는 것과 전 세계가 이 진흙탕에서 벗어나지 못하게 만드는 것은 기본적이고 구조적인 요인 때문이라는 점을 깨달았다. 그는 이전에도 신문기고, 팸플릿, 국가수반 등에게 보내는 공개편지 그리고 재무부에 대한 제안 등을 이용해 자신의 의견을 피력했다. 하지만 그는 문제를 제대로 해결하려면 에너지를 쏟는 것 이상의 무언가가 더 필요하다는 것을 깨달았다. 결핍으로 가득 찬 세상에서 실업이라는 어마어마한 궤도 이탈이 발생하는 현상을 설명하고 해결할 수 있는 경제 이론이 필요했다.

케인스는 현대 경제의 거품과 붕괴를 설명할 수 있는 혁명적인 이론을 개발하기 위해 금융시장에서 롤러코스트를 타본 자신의 경험을 이용했다. 케인스의 핵심적인 주장은 금융시장이 항상 효율적이지는 않으며, 통화 분야에서 일어나는 격변이 실물 경제에 동요를 가져온다는 것이었다. 이 과정에서 케인스는 자신에게 어마어마한 부를 가져다 준 몇 가지 투자 원칙을 발견했다. 이는 최초로 공식화된 가치투자 철학 가운데 하나로, 이후에 워런 버핏 등이 받아들인 원칙이었다.

케인스는 1920년대 말 변동성 심한 시장에서 금전적으로 큰 손실을 입었다. 하지만 케인스는 전문가로서의 평판을 갈고 닦아 침체에서 벗어났고, 더욱 큰 부자가 되었다.

.

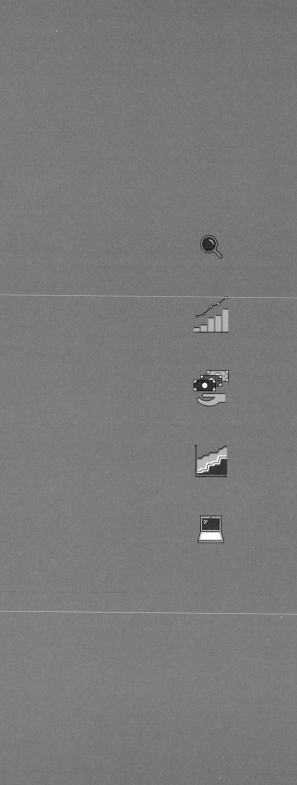

STOCK
3

주식시장과
야성적 충동

뉴턴과 인간의 광기

『고용, 이자 및 화폐의 일반이론』이 출간된 지 몇 개월 뒤인 1936년 7월, 케인스는 경매를 통해 경제적으로 어려움에 처한 영국 귀족으로부터 커다란 강철 트렁크를 사들였다. 그 트렁크 안에는 케임브리지가 낳은 가장 위대한 후손인 아이작 뉴턴의 개인적인 기록의 일부가 들어있었다. 가난한 농부의 아들이었던 뉴턴은 세상을 계몽의 시대로 이끈 과학계의 거물로 존경받고 있다. 알렉산더 포프(18세기 초반 활동한 영국시인-옮긴이)는 뉴턴에 대해 이렇게 말했다.

🌿 자연과 자연의 법칙은 어둠 속에 갖춰져 있었다. 신께서 가라사대, 뉴턴이 있으라! 하셨다. 그러자 빛이 있었다.

1966년 페스트의 유행으로 케임브리지 대학은 휴교령이 내려졌다.

외출이 자유롭지 못했던 그 한 해 동안 뉴턴은 미분법을 발견하였다. 또한 만유인력의 법칙을 공식화했으며, 빛의 입자 이론을 주장하였다. 사람들은 뉴턴이 위대한 업적을 이룬 이 시기를 '경이적인 해'라고 부른다. 뉴턴은 '유기체 전체의 거대한 비밀'을 밝힘으로써 중세의 미신과 무지의 그림자를 뿌리 뽑았다.

하지만 이 이성의 대제사장은 닫힌 문 뒤에 유배되어 있는 이단아와도 같았다. 뉴턴은 젊은 날의 대부분을 실험실에서 보냈다. 그의 조수에 따르면 실험실에서 행해진 화학 실험은 인간의 기술과 산업이 도달할 수 없는 성과를 목표로 했다고 한다. 우리가 알고 있던 것처럼 뉴턴은 단순한 기하학자가 아니었다. 뉴턴이 세상에 기계론적 관점을 제시하긴 했지만, 그는 연금술과 초자연적인 것에 사로잡혀 있었다. 그는 눈에 보이지 않는 정기精氣인 '야성적 충동'이 삶에 활기를 불어넣을 것이라고 생각했다. 하지만 '생명 없는 동적 물질'이라는 개념을 완전히 받아들이지는 않았다.

뉴턴은 열렬하게 물질적 부를 추구하는 사람이었다. 그는 연금술을 이용해 지금地金, 원소 금속을 적당한 크기의 덩어리로 만든 것을 금으로 바꾸려고 시도했지만, 실패하였다. 그러나 마침내 영국 조폐국 장관이 된 뉴턴은 자신만의 '현자의 돌('철학자의 돌'이라고도 한다. 연금술사가 찾아 헤매던 비금속을 황금으로 변화시키는 힘을 갖고 있는 재료)'을 찾아냈다. 조폐국 장관으로서 영국 화폐의 주조를 감독하게 된 뉴턴은 자신의 감독 아래 주조

되어 나오는 모든 동전에 대해 수수료를 받았고, 어마어마한 부자가 되었다.

인생이 막바지로 치닫던 1720년 뉴턴은 재산의 일부를 남해회사 주식에 투자했다. 첫 번째 투자에서 주식을 처분해 막대한 이득을 본 뉴턴은 주가가 치솟자 유혹을 이기지 못하고 주식시장에 다시 발을 들여놓았다. 그러나 두 번째 투자는 그다지 운이 좋지 않았다. 남해회사 거품이 터지면서 뉴턴은 2만 파운드가량을 잃었는데, 이는 현재의 화폐가치로 600만 달러에 달하는 금액이었다. 돈의 세계에도 중력이 작용하고 있음을 보여준 이 사건으로 인해 큰 손실을 보게 된 뉴턴은 수심에 잠겨 이렇게 말했다. "나는 천체의 움직임을 계산할 수는 있지만, 인간의 광기는 계산할 수 없다."

자신의 영웅인 뉴턴처럼 케인스 역시 비싼 대가를 치르고 난 후에야 금융시장이 때때로 예기치 못한 변덕이나 감정 또는 우연의 돌풍에 농락당한다는 것을 알게 되었다. 또한 경기 침체 등 비이성적인 물결에 희생양이 되기도 한다는 것을 알게 되었다. 대부분의 경우 불확실성이라는 요인이 작용하기 때문이다.

시장의 죽 끓는 듯한 변덕을 예측하기 위해 케인스는 10년이란 시간을 쏟아부었다. 하지만 여러 차례 잘못 짚기를 거듭한 끝에 케인스는 군중과 함께 행동하는 사람들은 쉽게 짓밟힐 수 있다는 결론을 얻게 되었다. 즉 황소의 질주와 곰의 추격 사이에 끼어 산산조각이 나는 것보다는 소란스런 무리들로부터 떨어져 거리를 두는 편이 낫다는 결론을 얻었다.

야성적 충동과 불확실성

케인스는 다른 분야에서도 많은 성취를 이뤘지만, 뉴턴에 대한 뛰어난 권위자였다. 케인스는 뉴턴의 개인 기록을 얻게 되면서 이 지위를 더욱 공고히 했다. 케인스는 뉴턴을 한 발은 중세에 걸치고, 한 발은 현대 과학을 향한 길을 찾고 있는 사람으로 묘사하면서 초자연적인 것에 사로잡힌 뉴턴의 형이상학적 측면에 세간의 이목을 집중시켰다. 그는 또한 기계론적 세상인 금융시장에서도 투자자들은 때때로 기대수익의 객관적 분석 이외의 것에서 추진력을 얻는다고 말하면서 '야성적 충동'이라는 뉴턴의 개념을 차용했다.

주식시장 참여자는 합리적이지 않지만 어떤 점에서 보면 이치에 맞아 보이는 요인에 의해 어느 정도 휘둘리게 된다. 예를 들어 고정이율에 따라 이자가 지급되어 현재의 투자가치를 합리적으로 결정할 수 있는 국채 등과는 달리, 주식은 경계가 불분명한 지대에 놓여 있다. 이런 불확실성 구멍은 투자자의 가장 열렬한 소망이나 극심한 두려움을 투사할 수 있는 캔버스다. 케인스가 '행동하지 않고 가만히 있기보다는 행동하고자 하는 자발적 충동'이라고 정의한 '야성적 충동'으로 인해 개개인은 대담해지고, 모든 투자 결정에서 불확실성 구멍을 해결할 수 있게 된다.

케인스는 결론적으로 투자자란 모든 것을 완벽히 알고 있는 계산가가 아니라고 말했다. 효율적 시장 옹호자들이 뭐라고 주장하건 주식시장의 형태는 순수하게 합리적인 요인만으로 결정되지 않으며, 결정될 수도 없다. 투자자의 심리가 주식의 매수, 매도 및 보유 결정에 필수 불가결한 역할을 하게 된다. 이에 대해 케인스는 이렇게 요약했다.

> 우리의 적극적 행동 가운데는 수학적 기댓값보다 충동적 낙관론(도덕적이건 쾌락적이건 경제적인 것이건 간에)에 의존하는 비율이 대단히 높다. 우리가 향후 오랜 기간에 걸쳐 그 결과가 나타날 어떤 사안에 대해 적극적으로 행동하기로 결정을 내린다면, 그 대부분이 아마도 계량적 확률로 구한 계량적 이익의 가중평균 때문이 아니라 오로지 '야성적 충동'의 작용 때문일 것이다.

손실 혐오와 위험 회피

불확실성이 있다는 것은 투자자가 투자 결정을 할 때 자신들의 '신뢰 정도'나 '야성적 충동'에 의존한다는 것만을 의미하는 것은 아니다. 주식의 성과와 관련된 요인 가운데 시기적으로 현재에 가까운 것일수록 그 효과를 크게 부풀린다는 의미이기도 하다. 1930년 출간된 『화폐론』에서 케인스는 이렇게 말했다.

🌾 우리는 약간 알고 있다고 생각하는 가까운 미래에 대해 과도할 정도로 민감하다. 가장 좋은 정보를 갖고 있는 사람들이라도 마찬가지다. 그 이유는 사실상 우리가 더 먼 미래에 대해서는 아무것도 알 수 없기 때문이다.

투자자들이 모호하고 빈약한 지식만을 가지고 있다는 사실보다는 상대적으로 보다 자신 있게 확신할 수 있는 요인에 더욱 큰 중요성을 부여하는 것은 잘못된 것이 아니라는 점에 대해서는 케인스도 동의하였다.

🌱현재의 사실들은 어떤 면에서는 우리가 장기적 기대를 형성하는 과정에 불균등하게 개입한다. 우리의 평소 행태는 현 상황을 받아들여 미래로 투사하면서, 크건 작건 우리에게 변화를 기대할 수 있는 결정적 이유가 생기는 정도만큼 조정받는다.

'현재의 상태가 무한정 지속될 것'이라고 가정하는 것은 다음과 같은 의미를 갖는다.

🌱날마다 등락하는 현재의 투자수익은 분명히 덧없고 대수롭지 않은 것이다. 그런데 이것들이 합쳐져 시장에 과도한, 나아가 어리석은 영향을 끼치곤 한다.

케인스는 이런 경향에 대해 다음과 같은 예를 들었다. "얼음을 제조하는 미국 기업의 주가는 아무도 얼음을 찾지 않는 겨울보다 계절적 특성으로 인해 높은 이익을 내는 여름에 더욱 오르곤 한다. 또한 법정 공휴일이 되면 영국 철도 주가의 시가총액은 몇 백만 파운드나 뛰어오른다." 단기에 초점을 맞추는 것은 투자자의 기대치, 즉 주가가 새로운 정보에 민감하다는 것만을 의미하는 것은 아니다.

🌿 복잡하고도 불확실한 현대에서 주가는 미래에 돌이켜보면 합리적인 수준이었다고 생각되지 않을 만큼 폭넓게 출렁일 것이다.

쉽게 말해 증시 참여자들은 불확실성이라는 피치 못할 요인 때문에 새로운 정보에 집착하게 되며, 이로 인해 주가는 오버슈팅(금융 자산의 시장 가격이 일시적으로 폭등·폭락하는 현상) 한다.

케인스의 이러한 주장에는 그의 경험적 증거가 뒷받침되고 있다. 여러 연구들에 따르면 주가는 해당 기업의 이익 및 배당의 변화에 따른 기대치보다 훨씬 더 큰 변동성을 보인다. 평균적인 투자자들은 위험 회피적 속성 때문에 새로운 정보를 지나치게 중시하여 이런 경향을 악화시킨다. 이는 금액이 같을 때 이익보다 손실에 더욱 민감하게 반응하는 속성이다. 위험 회피적 속성으로 인해 투자자들은 우호적이지 않은 새로운 정보의 영향을 받은 주식에 대해서는 가격을 지나치게 할인하려고 한다. 이러한 이유 때문에 주가는 부정적 뉴스에 과잉 반응하게 되는 것이다.

확신의 속임수

케인스는 주식시장이 사시사철 의심의 여지가 없는 효율성의 표본일
수는 없다는 점을 증명해 보였다. 주식시장은 어떤 모멘텀에 사로잡히
면 주가가 한 방향으로만 달려 나가는 정보 폭포의 장이 되기 십상이
다. 또한 투자 결정에는 어느 정도 비합리적 요소가 영향을 미치는 것
이 불가피해진다. 케인스는 불확실성이라는 피치 못할 요인 때문에 "미
래 수익률과 전혀 관계가 없는 온갖 것들이 주가에 영향을 미치는 고려
대상이 된다"고 지적했다.

한 가지 예를 들어보자. 부유하지만 신경쇠약이었던 20세기 초 프랑
스 시인 마르셀 프루스트에 대해 한 전기 작가는 이렇게 말했다.

🌿 투자를 하다가 숱하게 실패했지만, 그는 자신의 자산관리인의
말을 들으려고 하지 않았다. '타가니카 철도', '호주 금광' 등 기

업 이름이 시적이라는 이유만으로 그는 너무나도 자주 이런 기업의 주식을 샀다. 사실 이런 주식은 그가 꿈꿔왔던 이국적인 곳으로의 여행에 대한 대용품이었다.

코르크 마개가 줄지어 있는 공허한 침실에서 프루스트가 내린 주식 투자 결정은 기업 이름이 이끄는 대로 흘러갔다. 시적 감수성이 부족한 다른 시장 참여자들 역시 주가의 트렌드라고 여겨지는 것, 내부자 정보 그리고 주위 사람들의 행태에 대해 똑같이 영향을 받을 것이다.

주식시장에 대한 케인스의 관점은 "투자자들은 조금의 낭만도 없이 기업의 현금흐름과 그중 자신에게 떨어질 몫에 대해서만 관심이 있다"라는 정통 금융 이론과 정확히 반대되는 것이었다. 고전주의 이론은 주식시장이 주식을 통해 미래 수입의 현금흐름을 구체적으로 나타내는 오류가 없는 기계로 작동되는 공상적 세계로 그려냈다. 이론을 우아하게 만드는 과정에서 불확실성이나 투자자의 감정 상태 등 현실 세상의 복잡한 문제들은 간단하게 무시되었다. 정통 이론은 야성적 충동의 바이러스가 기계를 감염시켜 실질가치의 합리적 평가와는 거리가 먼 수치를 뱉어내게 할 수 있다는 가능성을 용납하지 않았다.

주식시장의 창발적 속성

경제학은 자연과학의 발견으로부터 지대한 영향을 받아왔다. 고전주의 이론의 세계에 대해 기계론적 관념은 뉴턴의 물리학에서 묘사한 시계 태엽장치 같은 정확성을 반영한 것이었다. 다윈의 '적자생존 법칙'은 빅토리아 시대의 강력한 자유무역주의 정책을 부추겼다. 케인스의 세계에는 아인슈타인의 상대성 이론이 투영돼 있다. 시간처럼 돈도 역시 때로는 무기력한 숫자에 불과하다. 하지만 케인스는 경제학이 적어도 한 가지 핵심적인 측면에서 과학을 편안하게 모방하는 것에서 벗어나 있다고 말했다. 경제학 분야에서는 물리학에서 훌륭하게 성립해온 '원자가설(모든 원소는 같은 모양과 무게를 가진 매우 작고 더 이상 쪼개지지 않는 원자라는 입자들로 구성되어 있다)'은 붕괴되고, 결과적으로 다음과 같이 된다고 주장했다.

🌿 굽이를 돌 때마다 번번이 우리는 유기적 통일성, 단절성, 불연속성 등의 문제와 맞닥뜨린다. 전체가 부분의 합과 같지 않고, 수량의 비교는 우리의 기대를 저버리며, 작은 변화가 큰 결과를 낳고, 동일하고 균질적인 연속이라는 가정은 충족되지 않는다.

케인스의 말에 따르면 경제란 소위 '창발적 속성(이전에 관습이나 상식으로 이해할 수 없는 새로운 체계나 사고가 발생된 현상에 대한 특성을 말함)'이라 불릴 만한 것을 보여준다. 이는 개별 구성원들 간의 다양한 상호작용에서 때로는 복잡하고, 때로는 예측 불가능한 시스템 내부의 집단행동이 나타나는 것을 말한다.

총량을 연구하는 거시 경제학의 영역이 미시 경제학이라는 원자적 세계에서 나타날 행동을 항상 추정해낼 수는 없다. '구성의 오류(부분적 성립의 원리를 전체적 성립으로 확대 추론해 발생하는 오류)'와 관련해 케인스가 내세운 가장 유명한 예로 '저축의 역설'이 있다. 저축은 개인에게는 선한 것이지만, 모든 개인이 저축을 늘리면 총수요가 감소해 결국 전체로 볼 때는 저축이 감소하는 효과가 나타난다는 것이다.

마찬가지로 자유시장 체제를 가장 잘 대표한다고 할 수 있는 주식시장 역시 때때로 창발적 속성을 드러낸다. 개인의 행동이 비합리적 군중행위로 변질되는 것이다. 케인스처럼 뛰어난 능력과 지적 호기심을 갖춘 사람에게도 주식시장은 지나치게 광범위하고 복잡해 미리 예측하기 어려운 작동 체제를 지니고 있다.

가치투자자로의 변신

케인스는 마침내 다음과 같은 결론을 내렸다. 증시는 매우 변덕스럽고 복잡하기 때문에 단기 '모멘텀 투자' 접근법을 추종하는 사람들은 금전적 성공으로 보상받기가 매우 어렵다는 것이다. 1938년 5월 그는 한 동료에게 이렇게 말했다.

> 🌿 나는 신용순환주기 투자법을 발명한 주요 인물이며, 경기가 상승과 하강을 거듭한 지난 20여 년간 5개의 서로 다른 주체가 구체적이지만 사뭇 다른 방향으로 이를 실행에 옮기는 것을 보아왔다. 하지만 성공한 것은 한 건도 보지 못했다.

케인스는 신용순환주기 투자법이 탁월한 선견지명과 이를 잘 활용할 수 있는 기법을 필요로 한다고 보았다. 그뿐만 아니라 적극적 투자가 될 수밖에 없는 이런 전략에는 많은 거래비용이 소요되기 때문에 거래로 인한 수익이 줄어든다고 생각했다. 그는 킹스칼리지 재단위원회에 보낸 편지에서 이 주제를 더 폭넓게 전개했다.

> ❧ 특정 종목에서 빠져나와 비즈니스 순환주기가 다른 종목으로 옮겨 타는 전면적인 교체를 하려는 시도는 여러 가지 이유로 불가능할 뿐만 아니라 사실상 바람직하지도 않다. 이런 교체를 시도하는 대부분의 사람들이 너무 늦게 사고팔고, 또한 너무 자주 사고팔아 지나치게 높은 거래비용만 물게 된다. 그리고 불안정하고도 투기적인 심리 상태만을 조장한다.

시장의 광기를 잠재울 방법이 없다는 것을 깨달은 이후 케인스의 투자에 대한 접근법에 큰 변화가 일어났다. 대공황 이후 그는 투자 원칙을 180도 바꿔 투기꾼이 아닌 투자자가 되었다. 과거의 추세보다는 미래의 성과 추정치, 매도 가격보다는 기대수익률, 시장보다는 개별주식, 시장의 의견보다는 자신만의 판단 등에 더욱 주력하게 되었다. 한마디로 케인스는 매매 타이밍 찾기에 열을 올리는 투자자에서 가치투자자로 변신했다. 그는 사장의 변동성에 부화뇌동하기보다는 그 변동성 속에서 수익을 추구하게 되었다.

STOCK
4

최초의
가치투자자가 되다

활짝 피어난 지옥

'튤립 광기'는 야성적 충동이라는 병원균이 17세기 네덜란드 중산층을 덮친 사건이다. 당시의 네덜란드 사람들은 가장 어리석은 부류였다고 할 수 있다. 찰스 매케이는 인간의 어리석음에 대한 기록이라고 할 수 있는 자신의 책 『대중의 미망과 광기Extraordinary Popular Delusions and the Madness of Crowds』에서 이렇게 말했다. "튤립을 가지려는 열망이 너무 강해서 귀족, 시민, 농부, 기계공, 뱃사람, 하인, 하녀, 심지어 굴뚝 청소부와 헌옷 장수까지 튤립을 손에 넣는 일에 나섰다. 모든 계급의 사람들이 자신의 재산을 현금으로 바꿔 튤립에 투자했다."

이 이국적인 식물에 대한 투기 열기가 얼마나 뜨거웠던지 무역업자들은 초기 형태의 선물 계약이라고 할 수 있는, 즉 아직 재배하지도 않은 구근에 대한 권리를 팔기 시작했다. 광기에 휩쓸리지 않았던 사람들은 이러한 현상에 대해 '바람의 거래(실물 없이 거래가 이루어지는 현상)'

라는 부정적 이름을 갖다 붙이기도 했다. 아무튼 이러한 현상으로 인해 거래가 실물적인 형태에서 추상적인 형태로 옮겨가면서 투기는 더욱더 조장됐다.

튤립 중에서는 강력한 색상을 띠고 있는 '줄무늬종'이 가장 비쌌다. 1737년 초 순백의 바탕에 빨간 불꽃 무늬가 강렬한 대비를 이루는 셈페르 아우구스터스 품종 구근 하나의 가격은 암스테르담 운하변에 있는 대형 주택의 가격과 맞먹는 수준이었다. 이 튤립이 강렬한 색상을 띠게 된 것은 배양균 때문이었다. 그러나 이 배양균은 꽃을 더욱 매력적으로 보이게 만들기도 하지만, 허약하게도 만든다는 사실이 나중에 밝혀졌다. 찰스 매케이는 이렇게 설명했다.

> 🌿 꽃이 배양균 때문에 약해지면 꽃장수의 눈에는 더욱 감미롭게 보인다. 따라서 이처럼 배양균이 만들어낸 걸작은 아름다워질 수록 허약해져 아무리 뛰어난 기술로 주의 깊게 돌봐도 배양하기 어렵고, 심지어 살아남기도 어려워진다.

네덜란드의 튤립 광기는 매우 극적인 방식으로 사그라들게 되었다. 1637년 1월 5,000길더에 팔리던 튤립 구근은 한 달 뒤 겨우 50길더에 팔리게 되었다. 네덜란드 법정에서는 모든 사람들을 사로잡았던 이 병폐에 대해 다음과 같이 정확한 진단을 내렸다. 그들은 이 거래가 도박행

위에 지나지 않았다고 말하면서 미결제거래 계약의 이행을 강제하는 수단 등을 동원하지 않기로 결정했다.

튤립 광기는 시장을 사로잡는 주기적인 비합리성을 보여주는 좋은 예이다. 그뿐만 아니라 일반적인 금융거래에 대한 비유가 되기도 한다. 아름다워질수록 허약해지는 튤립처럼 주식시장 역시 진화할수록 야성적 충동에 전염될 위험이 더욱 커진다. 케인스가 『고용, 이자 및 화폐의 일반이론』에서 말한 바에 따르면 "투자시장이 조직화될수록 투기가 판칠 위험 역시 커진다."

케인스는 투자자들이 채택하는 합리적인 계산기라는 이론을 폐기했다. 케인스는 "분별력 있는 투자자들이 소수파에 속하는 경우가 많기 때문에 그들의 행동은 시장을 지배하지 못한다"고 말했다. 이럴 경우 주식시장은 지나치게 단기적 접근법이나 양극단으로 치우치려는 성향을 드러내는 '투기꾼'적 특징이 나타날 수 있다고 주장했다.

주식투자, 민주주의의 위험?

케인스는 주식투자에서 민주주의가 확대되는 것이 시스템의 안정에 악영향을 미칠 것이라는 생각했다. 그는 『고용, 이자 및 화폐의 일반이론』에서 다음과 같이 말했다.

> 🌿 런던 증권거래소가 월스트리트보다 과오를 더 드물게 범하는 이유는 국민성의 차이 때문이라기보다는 영국인이 스로그모튼가(런던 증권거래소 소재지-옮긴이)에 접근하기가 미국인이 월스트리트에 접근하기보다 더 힘들고 돈도 많이 들기 때문이다.

케인스는 거래비용이 낮아 사실상 모든 사람에게 문호를 개방하고 있는 '유동적' 금융거래로 인해 현재의 정보나 미래 예상에 대한 문제가

야기되었다고 말했다. 더불어 특별한 지식도 갖추지 못한 '딜레탕트(즐기는 사람을 뜻하는 이탈리아어)' 투자자들이 시장에 진입하게 되었다고 생각했다.

케인스는 기업에 대한 실질적 정보 부족으로 인해 주식시장이 더욱 변덕스러워지고, 새로운 정보에 대해 더욱 과잉 반응하는 경향이 나타나게 된다고 생각했다. 왜냐하면 특정 주식에 대한 가치 평가를 확고하게 유지할 수 있는 강력한 확신의 뿌리가 없기 때문이다.

케인스는 또한 주식거래는 지속적으로 호가가 형성되면서 재빠르게 현금화할 수 있는 속성을 갖고 있기 때문에, 다음과 같은 일이 일어날 것에 대해 안타까워했다.

🌿 개인에게 몰두의 대상을 바꿀 수 있는 잦은 기회를 제공한다. 이는 마치 아침 식사 직후에만 해도 기압계를 점검해보던 농부가 오전 10시부터 11시 사이에 자신의 자본을 농사가 아닌 다른 곳에 투자할 결심을 했다가, 다음날에 다시 농업으로 되돌아가려고 생각하는 것과 같다.

높은 유동성과 낮은 거래비용, 여기에 인터넷의 도입까지 합쳐져 오늘날 주식거래는 더욱 쉬워졌다. 결과적으로 자본시장은 죽 끓는 듯한 변덕을 부리게 됐다. 이런 요인들 때문에 주식은(주식이 나타내는) 기업의 실상과는 동떨어진 추상적 개념이 되어갔다.

많은 시장 참여자들이 주식에 대해 기업 그 자체에 대한 지분의 일부라기보다는 신문 칼럼이나 컴퓨터 화면에 나오는 숫자와 다를 바 없는 것, 즉 실체가 되는 기업과는 전혀 무관한 거래용 칩에 불과하다고 느낀다면 투기적 심리는 더욱 가열될 것이다.

곰보다 앞서 달아나기

두 명의 사냥꾼이 숲 속에서 매우 사납고 날랜 곰을 피해 미친 듯이 도망치고 있었다. 중간쯤 가다가 그중 한 명이 멈춰 서서 배낭에서 운동화를 꺼내 바꿔 신었다. 그것을 본 다른 한 명은 그에게 운동화로 바꿔 신었다고 곰보다 빨리 달아나지는 못한다고 말했다. 그러자 그는 이렇게 말했다. "내가 곰보다 빨리 달아날 필요는 없지, 그냥 자네보다 먼저 달아나면 된다네."

현대의 주식시장에도 똑같은 이치가 적용된다. 펀드 매니저와 기타 금융기관들은 장기간에 걸친 절대적 투자 성과보다는 동료들과 비교해 단기간에 어떤 성과를 냈는지로 평가되곤 한다. 이런 벤치마킹 관행으로 인해 펀드 매니저들은 자연히 단기적 성과에 초점을 맞추려는 욕구가 강해지게 된다. 기관 스스로는 군중의 야단법석에 끄떡하지 않을 수 있다고 하더라도 그 계좌 보유자들은 똑같은 인내심을 갖고 있지 못할 것이기 때문이다.

케인스는 흔히들 노련하다고 말할 수 있는 투자자들도 마찬가지로 굴복하지 않을 수 없을 정도의 엄청난 제도적 압력을 받고 있다고 주장했다.

🌿 위원회나 은행 평의회 등이 운영하는 투자 펀드가 있는 곳이라면 어디서든 장기투자자는 공익을 가장 크게 증진하고서도 모든 비판을 뒤집어쓰게 될 것이다. 보통사람들이 보기에도 그의 행위의 본질이 괴팍하고 인습을 파괴하는 일 같고, 무모하게만 보이기 때문이다. 그가 성공을 한다 해도 무모하다는 일반적인 믿음은 더욱 강해질 뿐이다. 반면 그는 단기적으로는 실패할 확률이 높은데, 이럴 경우에도 거의 동정을 얻지 못할 것이다.

투자 대중처럼 펀드 매니저 역시 평균 이상의 수익률을 올리기 위해 노력하기보다는 평균 이하의 수익률을 내지 않는 데에만 더 신경을 쓴다. 실제로 이들은 변덕스러운 투자자들의 작용을 상쇄하는 힘의 역할을 하기보다는 오히려 투자자의 비합리성을 더욱 키우는 역할을 하는 경우가 많다.

기관투자자들의 단기 편향을 강화하는 요인으로는 다음의 2가지 요인을 더 들 수 있다. 첫째, '총수익률'이 성과 척도로 강조된다는 점과 둘째, '지수추종 펀드index-tracking fund'의 존재다. 배당금 지급액에 특정 주가의 상승 또는 하락분을 더해 측정되는 총수익률은 일반적으로 미실현 자본 이득이나 손실에 의해 좌우된다. 따라서 다시 한 번 단기적 주가 등락에 초점이 맞춰질 수밖에 없다.

시장 대표주들로 포트폴리오를 구성해 시장수익률을 추종하는 지수추종 펀드는 시장 트렌드를 강화해 오버슈팅 하려는 경향을 더욱 심화시킨다. 지수추종 펀드는 지극히 높은 곳에 있는 모멘텀 투자자다. 이들은 가격이 솟아오를 때 더 많은 주식을 사고, 가격이 떨어질 때 주식을 판다. 이렇게 오버슈팅을 더욱 강화하여 금융거래의 효율성을 좀먹는다.

조울증 환자와 벤저민 그레이엄

케인스는 주식시장이 투자자의 심리 변화에 따라 급격히 요동칠 수 있으며, 정보의 폭포에 민감하고, 새로운 정보에 과잉 반응할 수 있다는 점을 보여줬다. 또 지나치게 단기적 성과에만 초점을 맞추고 있을 뿐만 아니라, 자신이 사고파는 주식에 대해 특별한 지식을 갖추지 못한 투자자들로 가득 차 있다는 사실도 알려줬다. 약간 다르긴 하지만 케인스의 주장에 의견을 같이한 금융시장 종사자 가운데 미국의 투자자이자 학자인 벤저민 그레이엄이 있다.

벤저민 그레이엄 역시 케인스와 마찬가지로 대공황 때 큰 손실을 봤다. 경기 침체 기간 동안 그의 주식은 4분의 1 토막이 났다. 이 같은 손실을 입은 후에 벤저민 그레이엄 역시 케인스처럼 월스트리트에서 일했던 경험을 바탕으로 금융거래와 그 취약성에 대해 깊이 생각해보게 되었다.

벤저민 그레이엄은 주식시장은 널을 뛰듯이 변하는 투자자의 마음 상태에 영향을 받으며, 이로 인해 주가가 주식의 기본적 가치와 크게 괴리되기도 한다고 생각했다. 또한 합리적이고 인내심 있는 투자자라면 이런 널뛰기를 이용할 수 있다고 생각했다.

🌿 진정한 투자자에게 주가 급등락은 오로지 한 가지 커다란 의미만을 갖는다. 주가가 크게 떨어져 내릴 때는 현명한 매수 기회를 제공하고, 급등할 때는 현명한 매도 기회를 제공한다는 것이다.

이 같은 논거를 설명하기 위해 벤저민 그레이엄은 주식시장에 대한 새로운 사고방식을 제안했다. 그는 투자자들에게 날마다 주식을 사고 팔겠다고 제안하는 특정한 인물을 상대하고 있다고 상상해볼 것을 권했다. 벤저민 그레이엄은 이 '미스터 마켓(주식시장을 지칭하는 벤저민 그레이엄의 독특한 개념-옮긴이)'에 대해 이렇게 설명한다.

🌿 사실 미스터 마켓은 대단히 정중한 인물이다. 그는 날마다 여러분에게 그가 생각하는 여러분의 주식 가격을 말해주고, 그 가격에 주식을 추가적으로 사거나 팔겠다는 제안을 한다.

'미스터 마켓'은 주식을 실질가치에 근접한 가격으로 거래하겠다고 제안하는 비교적 안정되고 합리적인 존재다. 하지만 때때로 미스터 마켓은 조증이나 울증에 빠지기도 하고, 비관적인 뉴스에 공포심을 갖거나 낙관적으로 보이는 사건에 흥분하기도 한다. 그런가 하면 지나치게 단기적인 요인에 초점을 맞추느라 더 큰 그림을 놓치기도 한다. 벤저민 그레이엄은 "미스터 마켓이 열광이나 공포에 압도될 때 그가 여러분에게 제안하는 가격은 어리석어 보일 수도 있다"고 말했다.

이를 통해 벤저민 그레이엄은 주식시장이 때때로 신경과민에다 피해망상적이고 근시안적이며 조울증으로 괴로워한다는 사실을 암시하고 있는 것이다. 주식시장도 사람처럼 치료를 받아야 한다. 이처럼 많은 병적 징후와 성격상의 결함을 가지고 있는 미스터 마켓에게도 한 가지 확실한 미덕이 있는데, 바로 인내심이다. 투자자가 계속 졸라대는 그의 말에 반응하지 않아도 그는 화내지 않는다. 그는 하루도 빠짐없이 주식을 사고팔겠다는 새로운 제안을 들고 되돌아온다.

벤저민 그레이엄은 미스터 마켓을 투자 자문으로 활용하는 것은 실패의 지름길이 될 수 있다고 경고했다. 반면 이 가엾은 친구가 비이성적 상태에 빠져 고통받을 때 우리는 그를 이용할 수 있다. 미스터 마켓이 광기발작으로 인해 자주 퇴행하긴 해도 결국에는 제정신을 되찾을 것이고, 그에 따라 주가도 기본 가치로 되돌아갈 것이기 때문이다.

버핏, 알고 보면
케인스 따라하기?

벤저민 그레이엄의 투자회사는 수많은 가치투자자들의 성공의 산실이
었다. 그중 가장 대표적인 사람이 워런 버핏이다. 워런 버핏은 세계에
서 손꼽히는 부자이다. 하지만 대부분의 억만장자 클럽 멤버들과는 달
리 주식시장과 기업에 대한 투자로만 온전히 부를 일구어냈다. 〈타임〉
은 워런 버핏에 대해 이렇게 말하고 있다.

> 🌿 우리는 돈방석 위에 올라앉은 많은 석유왕, 부동산 재벌, 벼락
> 부자 등을 보아왔다. 하지만 오로지 주식투자로 거기까지 이른
> 사람은 워런 버핏이 처음이다.

워런 버핏은 50년 이상 투자를 해오면서 두드러진 성과를 보여주고
있다. 워런 버핏의 투자회사인 버크셔 해서웨이는 인수된 뒤 40년간 시

장수익률을 50배나 초과해왔다. 이를 평균 복리수익률로 환산하면 해마다 20% 이상씩의 수익률을 올린 셈이다. 어떤 대규모 장기투자자도 따라잡기 힘든 기록이다.

워런 버핏과 그의 투자회사 버크서 해서웨이의 부회장인 찰리 멍거는 투자 세계의 '부치 캐시디와 선댄스 키드(우리나라에서는 〈내일을 향해 쏴라〉는 제목으로 소개된 미국 웨스턴 영화 제목-옮긴이)'다. 재담가이며 코카콜라를 좋아하는 80대의 워런 버핏은 완벽하게 갈고닦은 자신만의 경구로 금융에 관련된 지혜로 전해준다. 이때 그의 옆에는 90대의 찰리 멍거가 조연을 맡아 특유의 심술궂은 구두쇠 역할을 충실하게 이행하고 있다.

주주들에게 보내는 편지에서 그리고 '자본주의의 우드스톡 축제'로 잘 알려진 버크서 해서웨이의 연례회의에서 워런 버핏은 서투르지만 현명한 중서부 지방사람, 뿌리부터 서민적인 양식으로 가득 찬 사람의 이미지를 보여준다. 대중문화 속에 그려진 조급하고 변덕스러운 증시 참여자들과는 대조적으로 냉철한 워런 버핏의 메시지는 감동적인 울림을 가지고 있다. 유순하고 침착한 사람이 결국 세상의 보물을 물려받게 되는 것이다.

워런 버핏은 '월스트리트의 마법사', '실리콘 밸리의 현인'이 아닌 '오마하의 현인'으로 불린다. 버크서 해서웨이는 네브라스카주 오마하에 분사를 두고 있다. 마치 월스트리트와 실리콘 밸리 두 곳에 가까워지기를 모두 꺼려한다는 듯이 양쪽으로부터 똑같은 거리를 두고 위치해 있다. 이러한 위치 선정은 섬뜩할 만큼 적절해 보인다. 버크셔 해서웨이의 워런 버핏과 찰리 멍거는 금융에 관련된 기존의 격언들을 무시한다. 하지만 그들은 지속적으로 시장지수를 능가하는 수익률을 내고 있다. 이런 사실 자체가 효율적 시장 이론의 무력함을 꾸짖는 살아 있는 회초리인 셈이다.

이들은 자부심 강한 러다이트(기계화, 자동화 등 첨단의 흐름에 반대하는 사람-옮긴이), 닷컴 광풍에도 자제심을 잃지 않았던 사람들과 한목소리로 데이 트레이딩이나 지나치게 많은 거래를 하는 몇몇 펀드를 혹독하게 비판했다.

워런 버핏은 자신이 성공할 수 있었던 것은 주식시장의 행태에 대한 벤저민 그레이엄의 통찰 덕분이라고 말한다. 그는 미스터 마켓과 관련된 벤저민 그레이엄의 비유를 받아들여 투자시장을 시시때때로 전염시키는 다양한 형태의 집단 히스테리에 대해 자주 언급했다. 그뿐만 아니라 주식을 사들일 때 충분한 수준의 '안전마진'이 있는지를 확인하라는 당부 등 벤저민 그레이엄의 다른 원칙들도 받아들였다.

하지만 워런 버핏의 투자 철학은 수십 년 전 케인스가 실행에 옮겼던 전략에 훨씬 더 가깝다. 워런 버핏은 "케인스는 매매 타이밍을 좇는 투자자로 시장에 뛰어들었지만, 심사숙고 끝에 가치투자자로 개종했다"고 말했다. 그는 주식시장에 대해 말할 때 이 철학적 동지의 말을 인용하곤 한다.

가치에 주목하다

케인스가 신용순환주기론과 결별했다는 것은 그가 투기꾼에서 투자자로 변신했다는 의미다. 그는 기업이나 자산의 전체 기간에 걸친 예상 수익률을 예측하는 진정한 투자와 비교하여 투기를 시장의 심리를 예측하는 활동이라고 정의했다. 투자자는 향후 단기적으로 주식을 매도할 수 있는 가격이 아니라, 주식이 가져다줄 것으로 기대되는 수익에 초점을 맞춘다. 케인스의 용어를 빌리자면 진정한 투자자는 '교환가치'보다는 '궁극가치'에 더욱 관심을 갖는다.

케인스는 순풍이 불 것인지 역풍이 불 것인지를 예측하는 시장의 바로미터 역할을 하기보다는 다른 방식으로 주식시장의 강세 국면 또는 약세 국면을 이용하고자 했다. 더 이상 시장의 일반적 움직임을 예측하거나 시점을 선택하는 투자는 하지 않기로 했다. 차라리 개별 주식의 가치를 자신의 투자 지침으로 삼았다.

어떤 주식에 대한 투자자의 감정적 저울의 추가 한쪽으로 지나치게 치우쳤을 때, 즉 주가가 적정가치에서 지나치게 이탈했을 때만 케인스는 해당 주식의 매수 또는 매도를 고려했다. 케인스는 이런 투자전략에 대해 다음과 같이 설명했다.

> 🌿 평균적으로 시장 선도주로 이뤄진 지수보다 훨씬 더 큰 상승 전망을 지난 특징주를 뽑아낼 능력이 있다는 것을 가정한다. 내 의견으로는 이런 전략을 통해 방향은 다소 다를지라도, 최소한 신용순환주기 투자법만큼이나 시장 변동성을 이용해 이익을 얻을 수 있을 것이다. 대부분 이런 변동성 때문에 거래가 봇물처럼 쏟아지는데도, 이 변동성에 따른 불확실성 때문에 다른 사람들은 이를 이용하지 못한다.

투기꾼에서 가치투자자로 변신한 것은 케인스의 재산에도 큰 변화를 가져다주었다. 1930년대 케인스는 곤궁하다고까지는 할 수 없었지만, 그가 가장 사랑하는 그림 가운데 두 점인 마티스와 쇠라를 팔기 위해 내놓아야 했다. 이 어두운 날들과 비교해보면『고용, 이자 및 화폐의 일반이론』이 출간되었던 시기에 케인스는 어마어마한 호사를 누리게 되었다. 1936년 말 케인스의 재산은 월스트리트가 대폭락한 해에 비해 60배 이상으로 불어났다. 1929년 말 8,000파운드에도 미치지 못하던 순자산이 6년 만에 50만 파운드 이상이 된 것이다.

54번째 생일 직전인 1937년 중반 케인스는 첫 심장발작을 일으켜 요양소에서만 지내도록 제한받았다. 이후 회복기의 대부분은 서섹스의 집에서 지내야 했다. 케인스가 육체적으로 쇠약해진 기간 동안 짧은 경기 후퇴가 갑작스레 나타났다. 1937년 말에서 1938년에 걸친 침체기 동안 주식시장에는 또 한 번 가혹한 '주가의 하락'이 뒤따랐다. 케인스는 주거 제한 때문에 이사회와 투자위원회에 참석할 수 없었다. 그렇지만 퍼져나가는 비관론의 또 다른 공세에 맞서 자신의 주식시장 접근법을 옹호해야 했다. 이런 상황에서 케인스는 동료들에게 편지를 보내 자신의 투자 철학에 대해 설명했다.

이런 풍요로운 기록의 유산으로부터 케인스의 6가지 핵심 투자 원칙을 걸러낼 수 있다. 이는 주식시장에 주기적으로 반복되는 비합리성을 이용하는 방법으로 오랜 시간을 거쳐 증명되었다. 이제 그 6가지 원칙들을 하나하나 자세히 살펴보자.

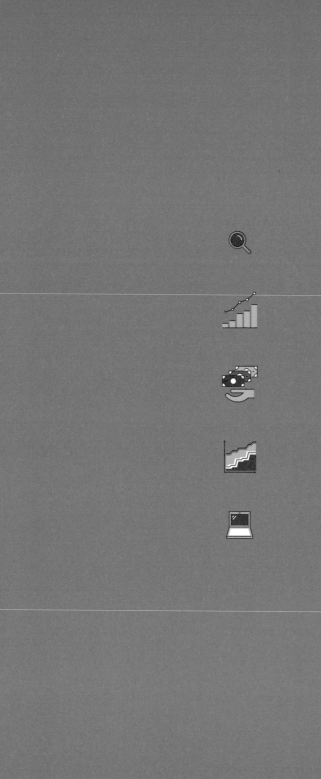

STOCK
5

케인스의
6가지 투자원칙

저평가 미인주를 찾아라

현명한 투자자들은 주식이 나타내는 기업의 내용에 집중하지만, 투기꾼들은 기업 내용과는 무관한 주가에만 초점을 맞춘다. 가치투자를 하는 사람들은 항상 내재가치를 의사결정의 토대로 고려한다. 주가란 그저 그 주식의 내재가치 예측치로부터 심하게 벗어나 있는지 아닌지를 보여주어 시장 진입(또는 퇴장) 시점을 알려주는 수단일 뿐이다.

남해회사와 공작부인의 투자법

1711년에 세워진 남해회사는 수많은 문제들을 일거에 해소해줄 수준 높은 해법처럼 보였다. 정보 부채를 회사 지분으로 돌려 영국의 급증하던 공공 부채 문제를 떠안을 수 있을 것 같았다. 또한 회사가 보유한 스페인령 아메리카 식민지에 대한 교역권을 호전적인 스페인 국왕과의 협상에서 유리한 카드로 제시할 수 있을 것처럼 보였다. 이 벤처기업이 성공하면 재무성의 국고는 적지 않은 교역수지 흑자로 채워질 것이었다. 하지만 영국의 조지 왕이 1715년 남해회사의 이사로 취임하는 등 고위층에서 전폭적으로 지원했음에도 불구하고 초기 성과는 생각보다 시원찮았다.

스페인령 아메리카 식민지에 구축된 '교역 독점 체제'는 모든 의미에서 보잘것없었다. 남해회사가 가진 것이라곤 키 147센티미터 이상의 신체 건강한 남성 흑인 노예 4,800명과 잡다한 상거래 품목을 실은 배한 척뿐이었다. 이 벤처기업은 실질적인 이익을 전혀 내지 못했다. 그리고 1718년 스페인과 전쟁이 발발하면서 사실상 기업의 교역권마저 효력을 잃게 되었다.

하지만 꺼져가던 남해회사의 운명은 1720년 3월에 되살아났다. 채무를 주식으로 대체하는 또 한 번의 스와프 거래를 이용해 보다 많은 정부 부채를 취득하기 위한 입찰 경쟁에서 잉글랜드은행을 이긴 것이다. 더 우월한 교환율을 획득하기 위해 발기인들은 기업 전망을 장밋빛으로 말했다. 그리고 신세계에 대한 기업의 교역 특권이 상당한 잠재가치를 가지고 있다는 터무니없이 번지르르한 루머를 퍼뜨렸다. 이러한 영향으로 1720년 1월 128파운드에 불과하던 주가는 6개월도 못 되어 1,000파운드 이상으로 치솟았다.

이 상황을 우리 시대 데이 트레이더의 채팅룸으로 옮겨 비유해보자. 먼저 기업 이사진이 입에 발린 격찬을 하기 시작하자 카페에서 수다를 떨던 사람들이 이 말을 광적으로 퍼뜨린다. 그러면 새것을 좋아하는 신문 매체가 지나치게 낙관적인 기사를 내놓으며 거들고 나서는 것과 같다.

런던은 쉽게 돈을 벌 수 있다는 맹신에 사로잡혔다. 새뮤얼 존슨(18세기 영국의 시인, 평론가옮긴이)은 후일 심지어 시인조차도 부富를 좇아 헐떡였다고 말했다. 그의 글에 따르면 알렉산더 포프(18세기 영국의 시인, 평론가옮긴이)는 자기 돈의 일부를 투자했고 잠시 동안 스스로를 막대한 재산의 주인으로 여겼다. 당시 포프는 탐욕에 사로잡혀 있었다. 하지만 그는 남해회사가 따분한 일상으로부터 대중의 눈을 돌려놓았지만, 그 회사에 내재되어 있는 유해한 점이 있음을 내다볼 수 있는 안목을 가지고 있었다.

> 🌿 짐을 내리고 배도 없고, 눈에 보이는 일들도 없건만
> 모두가 빌어먹을 남해에 꿀꺽 삼켜졌네.

실물 재산에 대한 권리에 제한을 받아왔던 여성들이 특히 이 주식시장의 광기에 더욱 열렬히 참여했다. 그러나 말버러의 공작부인 사라는 남해회사의 주가가 어떤 실질가치에도 근거를 두고 있지 않다는 점을 깨달았다.

> 🌿 상식을 가졌거나 계산을 조금이라도 할 줄 아는 사람이라면
> 1,500만 파운드의 정화[正貨, 소재가치가 액면가치와 일치하는 본
> 위화폐-옮긴이]를 4억 파운드의 종이 채권이 담보하는 일이 장
> 기간 계속되기란 어떤 방법으로도 불가능하다는 것을 알 수 있
> 다. 따라서 나는 이 사업이 조만간 파멸하거나, 아무런 가치도
> 없는 것이 되어버리고 말 것이라고 생각한다.

이후에 증손자인 윈스턴 처칠이 '얄미울 정도의 상식'을 지녔다고 말한 이 공작부인은 시장 꼭짓점 부근에서 주식을 팔았다. 그로 인해 당시로서는 천문적인 액수인 10만 파운드를 챙기게 됐다. 이후로도 몇 달간 그녀는 시장을 맹신하는 주위 사람들에게 담보를 잔뜩 잡고 돈을 빌려줌으로써 이익을 챙겼다. 하지만 그들은 공작부인의 행운을 나눠 갖지 못했다.

프랑스에서도 이와 비슷한 계획을 세웠으나 실패로 돌아갔다. 이에 더해 페스트가 창궐하게 되면서 무역항들은 폐쇄되었다. 그리고 전체적인 신용경색의 영향으로 인해 결국 거품이 터지고 말았다. 1720년 12월 주식은 다시 땅 밑으로 꺼져 내렸다. 남해회사 주식들은 주가 차트에서 하향 포물선을 그리기 시작했고, 연초와 정확히 똑같은 가격대로 되돌아갔다.

말버러의 공작부인이 예리하게 관측한 대로 주식거래는 때때로 내재가치의 합리적 예측으로부터 크게 벗어나는 수준에서 주가를 형성하기도 한다. 300년이 지난 지금 주식거래가 한층 더 정교해졌음에도 불구하고, 때로는 그 정교함 때문에 오히려 주식시장에는 여전히 가격과 가치 사이에 큰 괴리를 보이는 주식이 나타나곤 한다.

이 말버러 공작부인처럼 케인스 역시 한 전기 작가의 말을 인용해 1930년대 초반 다음과 같은 결론을 내렸다. "산수의 규칙이 루머의 풍향보다 더욱 믿을 만하다" 나아가 그는 시장의 분위기처럼 미묘한 무엇

인가가 아니라, 확실한 분석이라는 확고한 토대를 근거로 투자 결정을
내리기로 결심하게 된다.

어느 누구의 말도 취하지 마라

1720년 7월 영국 의회는 '버블법Bubble Act'을 통과시켰는데, 왕실 칙허장 Royal Charter을 통해서만 회사의 성립을 허가한다는 법을 금지한다는 내용이었다. 일부 냉소주의자들은 이 법제화의 진정한 목적이 남해회사가 투자자의 신뢰를 독식하도록 만드는 것이라고 주장하기도 했다. 하지만 표면적으로는 남해회사의 거품이 불붙인 투기적 광풍을 잠재우기 위해서라는 설명이 따라붙었다.

1720년 초반 광기의 나날들이 지속되면서 사회의 모든 계급을 물들였던 이익에 대한 절제할 수 없는 갈망을 이용하기 위해 다른 기업의 발기인들 역시 유사한 이점을 표방하는 프로젝트를 내세워 자금 조달을 시도했다. 어떤 비밀 기업은 엄청난 이익이 보장되지만 누구도 그 실체가 무엇인지는 정확히 모르는 사업에 착수했다. 그리고 또 다른 기업은 영구 운동하는 바퀴를 개발하겠다고 했다.

아이작 뉴턴은 과학적 작업을 통해 '냉철하고 어느 것에도 물들지 않은 이성'을 실천해온 인물이다. 하지만 남해회사를 둘러싼 광기에 속아 넘어간 가장 유명한 바보이자 희생양이었다. 1720년 여름 계속 오르기만 하는 남해회사의 주식을 보며 뉴턴은 시장이 틀릴 리가 없다고 생각했다. 그리고 영국이 진정으로 엘도라도 같은 기업을 가지게 되었다고 확신했다.

케임브리지의 상류계급 사이에서 찢어지게 가난했던 학생으로, 마룻바닥을 닦고 친구들의 심부름을 해주며 학비를 조달했던 뉴턴은 지평선 위로 떠오르는 풍요로운 부의 환영에 현혹됐다. 다른 수많은 사람들처럼 그도 내일의 희망을 담보로 오늘을 방탕하게 살도록 만드는 야성적 충동의 작용이 빚어내는 해로운 심적 동요에 중독됐다.

당시 세계에서 가장 오래된 과학 아카데미인 왕립학술원 회장이었던 뉴턴은 "어느 누구의 말도 취하지 마라"는 말을 소홀히 여겼다. 만약 뉴턴이 과학에 쏟은 만큼의 엄격함만 주식투자에 기울였더라면, 남해회사 주가의 영원한 상승은 지속될 수 없다는 점을 깨달았을 것이다.

대중을 추종하는 대신 뉴턴은 케인스가 그의 절대 강점이라고 꼽은 '지속적이고 집중적인 자기성찰의 특별한 힘'을 발휘하며 살아가는 편이 훨씬 나았을 것이다. 뉴턴이 대충만 분석했더라도 남해회사의 주가가 어떤 경제적 가치에 근거한 것이 아니라, 순전히 투기꾼들의 집단의지에 의해 출렁이고 있다는 점을 깨달았을 것이다.

경제학자와 100달러짜리 지폐

주식시장에서 반전을 경험한 케인스는 시장 가격 대비 미래 예상수익률을 비교해 이를 근거로 투자 결정을 내리는 가치투자야말로 주기적으로 찾아드는 야성적 충동을 억제하는 최고의 수단이라고 생각했다. 가치투자는 주식의 시장 가격과 그 내재가치 사이에 지속적인 격차가 발생할 수 있다고 주장하며 효율적 시장 이론의 근본적 교리를 거부한다. 가치투자자들은 '강형強形' 효율적 시장 이론을 패러디하기 위해 다소 깔보는 듯한 어조로 경제학자와 100달러짜리 지폐의 우화를 즐겨 인용한다. 강형 효율적 시장 이론이란 소위 프로 투자자들 사이의 금융 거래에서는 아무도 발견하지 못해 묻혀 있는 헐값의 제품도, 반대로 지나치게 비싼 값의 제품도 있을 수 없다는 주장이다.

몇몇 금융시장 논평가들의 묘사에 따르면 효율적 시장 이론이란 늑대가 다른 늑대로부터 양을 지킨다는 이론이다. 즉 통찰력 있는 투자자들이 저평가된 주식을 사들이고 고평가된 것을 팔아치움으로써 가격과 실질가치 사이의 괴리를 없애줄 것이라는 이론이다. 이를 통해 이 주식시장의 파수꾼들, 케인스의 은유법을 빌리자면 잉어 연못의 창꼬치들은 순진한 투자자들이 스마트 머니의 손에 놀아나지 않도록 지켜준다고 생각했다. 하지만 이것은 이론일 뿐이다.

전 세계 대학들의 재무 강좌 바이블로 자리 잡은 『기업재무원론Principles of Corporate Finance』의 공직자들은 독자들에게 이런 확신을 심어준다.

🌿 효율적 시장에서는 가격을 믿을 수 있다. 가격에는 개별 주식의 가치와 관련된 모든 정보가 들어 있기 때문이다.

효율적 시장 이론 옹호자들은 자신들의 이론을 방어하기 위해 최선을 다했다. 그들은 달아오른 강세장에서 주가가 끝없이 치솟아 오를 때, 이를 정당화하기 위한 요인으로 특정한 혁신이나 경제 환경의 개선 등을 이유로 들고 있다. 과거의 가치 측정 방법론이 더는 효용이 없어질 때조차 그들은 "이번에는 다르다"라고 스스로를 정당화한다. 예를 들어 미국 허버트 후버 전 대통령은 1920년대 말 터무니없이 치솟는 주가를 정당화하기 위해 만들어진 자기 충족적 가설들에 대해 이렇게 회고했다.

🌿 낙관론이 커져가면서 그들은 '신경제 시대'라는 어리석은 개념을 고안해냈다. 이 개념은 나라 전체로 퍼져나갔고, 우리는 경제학의 낡은 법칙이 더 이상 적용되지 않는 새로운 시대에 들어선 것으로 여겼다.

주식시장 참여자들이 때로 합리성을 갖추기보다 합리화에 더 능하다는 점은 놀랄 일도 아니다. 교리에 지나치게 집착하다 보면 가격은 전지전능한 거래의 산물이기 때문에 항상 정확할 수밖에 없다는 순환 논법이 나오기도 한다. 효율적 시장 이론의 독단이 부추겨지면 금융시장에서 비합리성의 발작이 주기적으로 일어나게 된다. 그렇게 되면 사람들은 주가가 합리적으로 평가된 내재가치와 현저한 괴리를 보이기도 한다는 상식적인 고찰을 할 수 없게 된다.

효율적 시장 이론의 지지자들은 경우에 따라서는 늑대의 숫자가 양의 무리를 통제할 만큼 충분히 많지 않으며, '음매' 하고 우는 이 무리들이 앞을 보지 못하여 수렁에 빠져버릴 수도 있다는 사실을 받아들이지 않는다.

가치 측정 게임

주가에는 항상 주식의 가치에 영향을 미치는 모든 공개 정보가 포함되어 있다고 주장하는 효율적 시장 지지자들은 한 가지 터무니없는 기본적인 실수를 저지르고 있다. 이에 대해 워런 버핏은 다음과 같이 말했다.

> 🌿 (많은 학자와 투자 전문가들은) 시장이 자주 효율적이라고 올바르게 관측하고도 시장이 항상 효율적이라고 올바르지 못한 결론을 내리곤 한다. 이 두 진술은 하늘과 땅 차이다.

가치투자자들은 당연히 강형 효율적 시장 이론을 받아들이지 않는다. 그들은 주식의 가격이 그 내재가치에서 벗어나는 때가 있으며, 현명한 투자자들은 이런 시장 일탈의 상황을 이용하여 이익을 도모할 수 있다고 믿고 있다.

그들은 주식시장의 단기적 효율성에 대해서는 회의적이지만 장기적으로는 주식시장에서 주가가 효율적으로 형성될 것이라고 믿고 있다. 케인스는 한 동료에게 보낸 편지에 이렇게 썼다.

🌿 주식이 안전하고 훌륭하며 충분히 싸다는 사실이 알려질 때 주가는 뛰어오른다.

벤저민 그레이엄은 이 같은 경향을 묘사하기 위해 다음과 같은 또 하나의 현명한 비유를 들고 있다.

🌿 시장은 각각의 가치가 정확하게 기록되는 저울이나 그 개별적 특성에 정확히 조응하는 비인격적 구조가 아니다. 그보다는 시장은 수많은 개인들이 때로는 이성적으로 때로는 감성적 선택이라는 표를 던지는 투표 계산기라고 해야 옳다.

단기적으로 주가는 실질가치를 둘러싸고 등락하며, 때로는 이 진폭이 상당히 클 수도 있다. 하지만 장기적으로 주가는 정확한 가치가 구현되어 나타날 것이다. 워런 버핏의 말에 따르면 "시장은 잠시 동안 기업의 성과를 외면할 수는 있겠지만, 궁극적으로는 이를 추인한다"는 것이다.

따라서 가치투자자들에게는 시장 효율성이란 시점의 문제일 뿐이다. 그들은 금융거래가 단기적으로 변하지 않는 효율성을 갖는다는 점에는 동의하지 않는다. 하지만 장기적으로 주식시장이 사실상 대단히 효율적인 저울이라는 점을 받아들인다. 초창기 펀드 매니저인 존 보글은 이렇게 말했다.

> 🌿 지각되는 가치(잠정적 주가)가 실질가치(기업의 내재가치)와 두드러지게 괴리될 때, 그 격차는 결국 실질가치를 축으로 수렴될 것이다.

이는 단순하면서도 이론의 여지가 없는 수학적 동질성 때문이다. 시간이 흐름에 따라 총체적으로 투자자들은 기업이 벌어들인 수익만큼의 수익만 올릴 뿐이다. 야성적 충동은 인내심이 부족하다. 이것 때문에 주가가 한동안 내재가치를 이탈해 있을 수는 있다. 하지만 궁극적으로는 수익과 배당이라는 확고한 현실이 기업의 주가를 결정할 것이다. 경험적 자료를 봐도 주식시장이 장기적으로는 효율적 저울이 된다는 점을 확인할 수 있다. 그러나 연 단위의 주식투자 성과는 주가 변동에 큰 영향을 받는다.

싼 주식 사냥하기

현명한 투자자는 이런저런 이유로 주가가 내재적 수익력과 동떨어져 나타나는 주식을 탐색한다. 가치투자는 한마디로 주어진 것보다 더 많은 것을 얻는 행위로 정의할 수 있다. 매수자는 미래 현금흐름의 현재 가치가 매수 가격을 초과할 것이 확실해 보이는 주식을 산다. 매도자의 경우에는 미래 이익의 합리적 추정치를 뛰어넘는 처분수익을 손에 넣는다. 워런 버핏은 가치투자자에 대해 다음과 같이 설명했다.

> 🌾 기업의 가치와 그 기업의 부분들이 시장에서 평가되는 가격 사이의 괴리를 찾아낸다. 투자자는 단지 2가지 변수에 초점을 맞춘다. 바로 '가격'과 '가치'다.

따라서 가치투자자가 주의를 기울여 살펴야 하는 것은 가격의 단기적 등락이 아니라 기대수익이다. 주가는 단지 시장이 실제로 주식의 추정 내재가치 이상의 가격을 부르고 있는지를 확인하기 위한 수준 정도의 유용성만을 갖고 있을 뿐이다. 케인스는 한 동료에게 다음과 같이 자신의 투자 철학을 설명했다.

> 🌿 내 목적은 그 자산 및 궁극적 수익력에 대한 만족감에 비해 시장이 상대적으로 낮은 가격을 부르는 주식을 사들이는 것이다.

케인스가 언급했듯 주식의 내재가치를 평가할 때 관련이 있는 항목은 기업의 순자산과 '궁극적 수익력'이다. 주식의 '내재' 또는 '기본'가치는 한마디로 말하면 주식의 기대 현금흐름의 합에 시간의 흐름을 반영해 적절히 할인한 것이다. 일반적으로 가치투자의 지침을 충족시킨다고 생각되는 다른 수단들, 즉 낮은 주가수익비율과 낮은 주가순자산비율, 고배당수익률 등은 그저 저평가 주식을 식별해내기 위한 도구일 뿐이다. 결국 가장 중요한 것은 주식의 기대수익력이다.

따라서 가치투자자는 '톱-다운(개별 주식보다 거시적 경제 환경에 대한 분석을 기본으로 투자 결정이 이뤄지는 방법-옮긴이)' 방식이 아닌 '바텀-업(경제 전망이 아닌 개별 주식에 대한 분석을 통해 투자할 주식을 선택하는 방법-옮긴이)' 방식의 투자 접근법을 받아들인다. 즉 시장 가격과 기업의 내재가치 사이에 괴리가 있는지를 알아보기 위해 특정 주식을 샅샅이 분석한다. 다른 요인들, 즉 최근 주가가 상승 추세였는지 하향 추세였는지, 다른 주식시장의 실적은 어떤지, 특정 분야가 그 시점에서 바짝 달아오르고 있는지 등은 현명한 투자자에게는 관심의 대상이 되지 않는다.

위대한 주식투자자이자 영적인 투자자였던 존 템플턴 경은 "노련한 투자자라면 가치를 매수해야지 시장 트렌드나 경제 전망을 사들여선 안 된다"라고 말했다. 가치투자자는 시장의 지수보다는 개별 주식에 주목하며 개별화되지 않은 주식시장은 없다는 점을 항상 기억한다. 존재하는 것은 개별 주식을 위한 시장일 뿐이다.

주가가 의미하는 것

인간은 정형화된 양식을 만들어내는 동물이기 때문에 반드시 존재할 필요가 없는 질서나 '존재 이유'를 부여하기 위해 애쓴다. 사람들은 구름에서 사람의 얼굴 모양을, 동전 던지기의 연승행진 등을 분별해내며, 종이 위에 찍힌 3개의 점을 항상 삼각형으로 잇곤 한다. 마찬가지로 주식시장에서도 많은 투기꾼들은 추세가 자신의 편이라고 믿는다. 얼마 전에 일어났던 일이 미래에 일어날 일의 훌륭한 길잡이가 될 수 있다고 생각하기도 한다.

국민상호생명보험 사장으로 재직하던 시절 케인스는 한 연례회의 연설에서 이렇게 말했다.

🌿 투기적 시장은 다음번에 일어날 일에 대한 선견지명이 아니라 과거에 일어난 일에 대한 기억에 의해 지배된다.

투기꾼들은 일반적으로 가격 모멘텀, 시장 트렌드 등 과거의 일에 의존해 매수 또는 매도의 단서를 포착한다.

반면 시장의 기류를 감지하려 하기보다는 개별 주식 분석에 심혈을 기울이는 가치투자자들은 오로지 특정 주식의 미래 예상수익에만 초점을 맞춘다. 이런 사람들은 가격이 단기적으로 상승 또는 하락할 것인지에 대한 예측이 아니라, 주가가 장기적 수익 예측치와 비교해 싼지 비싼지에 대한 평가에 근거해서 투자 결정을 내린다.

현명한 투자자들은 주식이 나타내는 기업의 내용에 집중하지만, 투기꾼들은 기업 내용과는 무관한 주가에만 초점을 맞춘다. 가치투자를 하는 사람들은 항상 내재가치를 의사결정의 토대로 고려한다. 주가란 그저 그 주식의 내재가치 예측치로부터 심하게 벗어나 있는지 아닌지를 보여주어 시장 진입(또는 퇴장) 시점을 알려주는 수단일 뿐이다.

미덕은 언젠가 보답받는다

블룸즈버리 그룹의 한 친구가 관찰한 바에 따르면 케인스는 싼 것을 사랑했다. 재산은 불어나고 있었고, 예술에 대해서는 아낌없는 후원을 베풀었다. 하지만 케인스는 자신의 금융 자산을 예리한 눈으로 지켜보고 있었다. 케인스는 상인과 몇 펜스를 깎기 위해 흥정하기를 마다하지 않았다. 한 개당 1페니밖에 하지 않은 전시戰時에 유통되던 소고기 통조림을 다량으로 사들이기도 했다. 또한 그의 저녁파티는 검소하기로 유명했다.

버지니아 울프에 따르면 한 번은 케인스가 구질구질하게도 11명의 손님에게 세 마리의 뇌조雷鳥 고기를 나눠준 일도 있었다. 그녀는 나중에 방문객의 "눈이 화등만 하게 커졌다"라고 비난하는 어조로 말했다. 뇌조 고기에 기가 막힌 블룸즈베리들이 케인스의 씀씀이에 대해 몇 차례 야유조의 냉소를 던졌지만, 어쩌면 그들은 케인스에 대해 결정적인 포인트 하나를 놓치고 있었는지도 모른다. 케인스가 막대한 갑부임에도 불구하고 극단적으로 싼 것만 찾아다녔다는 사실이 아니라, 싼 것만 찾아다닌다는 바로 그 점 때문에 어마어마한 부를 축적할 수 있었다는 사실이다.

투자 경력의 막바지에 접어들면서 케인스는 '미인주', 즉 주가를 훨씬 초월하는 내재가치를 지닌 주식 찾기에 혈안이 됐다. 그는 어떤 특정 시점에서는 주식거래가 효율적으로 이뤄진다는 것을 거의 믿지 않는다고 공언했다. 하지만 장기적으로는 주식시장이 주식의 내재가치를 자각하고, 그에 보답할 것이라고 생각했다. 따라서 현명한 투자자라면 시장 전체의 지나간 트렌드에 한눈을 팔기보다는 개별 주식의 미래 수익력에 초점을 맞추어야 한다. 단기적으로 요동치는 주가, 야성적 충동이 흘러들어와 빚어내는 흥분, 주식시장의 변덕이나 유행 따위는 분별 있는 투자자에게는 아무런 의미가 없다. 의미 있는 요인이라곤 오로지 가격과 주식의 추정 내재가치 사이의 괴리뿐이다.

케인스는 이런 가치투자 원칙들 덕분에 1930년대와 1940년대 야성적 충동의 습격에서 자신을 효과적으로 방어할 수 있었다. 남해회사 주식과 관련돼 복마전이 일어날 때 대중을 좇느라 금융 분야에서 자신의 정신적 근육을 활용하는 데 소홀했던 뉴턴과 달리, 케인스는 시장을 예단하려 들기보다는 자신만의 분석을 적용했다. 킹스칼리지에서 학교의 부 투자 담당관이었던 리처드 칸에게 보내는 편지에서 케인스는 자신의 가치투자 철학에 대해 다음과 같이 설명했다.

🌿 1파운드짜리를 15실링에 사는 것이 12실링 6페니에 되살 수 있
으리라는 기대감으로 15실링에 파는 것보다 장기적으로 투자
수익을 올리기에 훨씬 안전하고도 쉬운 방법이다.

보다 이해하기 쉽게 설명하자면 1달러 지폐를 70센트에 사는 것이
50센트에 즉시 되살 수 있을 것이라는 기대로 70센트에 파는 것보다 훨
씬 바람직하다는 것이다.

『고용, 이자 및 화폐의 일반이론』의 미인대회 비유를 다시 떠올려보
자. 가치투자자들은 심사숙고 끝에 자신들이 가장 예쁘다고 생각하는
후보를 골라낼 뿐이다. 그들은 다른 심사위원들이 결과에 대해 가지고
있을 생각을 추측해 거기에 자신의 의견을 꿰어 맞추려고 하지 않는다.
현명한 투자자는 결국에는 가장 예쁜 미녀가 단상에 오를 것이라는 믿
음을 가지고 있다.

제2원칙

잃지 않는
게임을
하라

주식시장이라는 영역에서 정확성이란 가설에 불과
하다. 불확실성 때문에 누구도 주식에 대한 정확한
가치 평가를 할 수 없다. 케인스와 워런 버핏은 이런
불확실성에 대처하는 최선의 방법은 우리가 느끼는
주식의 가치와 가격 사이에 넓은 완충지대를 확보하
는 것이라고 주장한다.

바보야, 중요한 건 안전이야!

제임스 어셔는 재능 많은 사람이었다. 그는 아마(영국 북아일랜드의 옛 주 옮긴이)의 대주교, 전 아일랜드의 대주교, 추밀 고문관, 트리니티 대학 부총장이었다. 하지만 그가 후대에 남긴 가장 큰 업적은 아마도 17세기 중반 그의 인생 마지막 10년 동안 행한 성경 연표에 대한 상세한 연구일 것이다. 아담과 그 후손들의 계보를 만들고, 이를 다른 고전텍스트와 대조한 결과 어셔는 창조가 이뤄진 정확한 날짜를 계산해냈다. 그는 세상이 B.C. 4004년 10월 23일 일요일에 첫 빛을 보았노라고 선포했다. 이 절대적 날짜를 좌표 삼아 연구한 결과 그는 창세기 이후의 다른 핵심적 날짜들도 계산해낼 수 있었다. 예를 들어 아담과 이브는 B.C. 4004년 11월 10일 월요일 낙원에서 쫓겨났고, 노아의 방주는 B.C. 2348년 5월 5일 수요일에 아라라트 산에 닿았다.

제임스 어셔가 이룬 기독교 역사의 계산은 정밀함의 위험을 보여주는 객관적 사례라고 할 만하다(나중에 아이작 뉴턴은 스스로 성경의 비밀에 대한 통찰을 구하는 과정에서 이를 수정하기도 했다). 케인스는 주식투자 분야에 있어서도 이와 마찬가지라는 것을 깨달았다. 주식의 내재가치를 구하려는 시도는 미래 수익을 둘러싸고 있는 피치 못할 불확실성 때문에 필연적으로 모호한 작업이 될 수밖에 없다는 것이었다. 그는 주식 애널리스트들이 주식의 추정가치를 정확하게 짚어내기 위해 고려하는 '통계학적 연금술'을 거의 계산에 적용하지 않았다. 케인스는 주식가치 측정을 정화하게 할 수 있다는 생각은 애당초 불가측적인 세상에 확실성이라는 환상을 심어주기 위해 꾸며낸 위안거리에 불과하다고 생각했다.

케인스도 자신의 뒤를 이은 워런 버핏처럼 주식의 내재가치를 추정할 때 '사이비 정확성'이란 개념을 적용하지 않았다. 그는 계량적 요인을 지나치게 강조하는 것이 주식가치에 영향을 미칠 수 있는 비수량적 요소를 과소평가하게 만든다고 생각했다. 그뿐만 아니라 불확실성 때문에 어떤 주식에 대한 가치 평가도 부정확할 수밖에 없다고 생각했다. 기껏해야 어떤 가격대에 걸친 범위로 나타낼 수밖에 없다는 것이다. 따라서 현명한 투자자는 주식의 상대적 장점을 평가할 때 광범위한 오차 범위를 설정해야 한다.

전형적인 투기꾼의 사고방식에서 벗어나 있는 가치투자자는 잠재적 수익 못지않게 돈을 잃지 않는 것을 중요하게 생각한다. 이들은 단지 잠재적 자본수익률보다는 자본의 회수에 더 관심을 갖는다. 케인스는 단순한 가격 등락이 아니라 자본 자체의 감소로 주가 하락이 일어나는 주식을 '쪽박주'라고 칭했다. 이런 상황에 맞닥뜨리지 않기 위해 케인스는 주가와 그 추정 내재가치 사이에 방어적 완충지대가 충분한지를 확인하는 '안전제일' 전략을 고집했다.

태만함이 더 나을 때

1922년 화폐 개혁에 대한 자문을 해주기 위해 독일에 있던 케인스는 베를린의 금융 및 학술분야 엘리트들이 모인 저녁식사에서 막스 플랑크의 옆자리에 앉게 됐다. 양자 물리학 분야에서 선구적 업적을 남겨 노벨 물리학상을 수상한 플랑크는 식사 자리에 모인 사람들에게 자신이 한때 경제학을 공부할 생각을 했었노라고 말했다. 뮌헨의 한 교수가 물리학 분야에서는 "모든 것이 이미 발견되었으며 그나마 남아 있는 일은 그저 몇 개의 빈 구멍을 채우는 것뿐이다"라고 서글프게 토로한 데 영향을 받았다는 것이다. 하지만 플랑크는 결국 이 우울한 학자들의 대열에 합류하지 않기로 했다. 이유는 간단했다. 경제학이 너무 어렵다고 판단했기 때문이었다.

케인스는 후일 플랑크가 한 말의 의미를 이렇게 설명했다. 경제학이란 '논리와 직관의 혼합물'이기 때문에 물리학에서와 같이 정교하게 검

중되지 않는다. 이렇게 정밀함이 빠져 있다는 사실 때문에 플랑크처럼 엄격하고 연역적인 기질의 사람에게는 경제학이 극도로 어렵게 느껴지는 것이다. 케인스가 플랑크의 말에 어떻게 반응했는지에 대한 기록은 없다. 하지만 분명 그는 이 존경받는 교수의 통찰에 지지를 보냈을 것이다. 케인스는 고전주의 경제학이 물리학의 이론적 엄격함을 흉내 내려는 잘못된 시도를 그만두지 않고, 허울만 그럴듯한 정밀함에 지나치게 집착한 나머지 계량화할 수 없는 '숨은 요인들'을 간과하고 있다고 생각했다.

모든 분야에서 케인스와 반대되는 철학적 입장을 가졌던 프리드리히 폰 하이에크도 이 점에 대해서는 의견을 같이했다. 그는 노벨상 수상 연설에서 "시장과 같이 복잡한 현상을 연구할 때는 완전히 알 수 없거나 측량할 수 없는 수많은 요인들이 있게 마련이다"라고 말했다. 그는 과학적 태도로 연구 작업을 수행한다는 고전주의 경제학자들이 계량적 근거를 통해 확인해볼 수 없는 이런 요인들을 간과하고 있으며, "측정할 수 있는 요인들만이 관련 요소로 작용되는 가설을 즐겁게 써내려간다"라고 말했다.

케인스 역시 '리카도의 해악(추상적인 사고만으로 학문적 이론을 중시하는 학자들)'이 고전주의 경제학의 사고에 만연해 있다고 말하면서 이를 비난했다. 이는 모든 관계나 행위를 수학적 공식으로 귀결시키고, 질적 요소는 분석의 가치가 없다고 판단하는 것이다. 그는 이렇게 말하기도 했다.

🌿 통계가 말이 안 될 때 통계보다는 감각에 의존하는 편이 더 현
명하다는 것을 알게 됐다.

망치를 든 남자 신드롬

주식의 미래 수익에 대해 확실한 것이라곤 그것이 불확실하다는 점밖에 없음에도 불구하고, 이와 비슷한 관점이 주식시장을 병들게 하고 있다. 애널리스트들은 엄격한 계량 기법을 진지하게 적용해 특정 주식의 가치를 마지막 1센트까지 추론해내려고 한다.

버크셔 해서웨이 부회장 찰리 멍거는 이렇게 계량화에 집착한 나머지 질적 요인을 간과하는 경향을 '망치를 든 남자' 신드롬이라고 불렀다. "망치만 갖고 있는 남자에게는 모든 문제가 못으로 보인다"는 것이다. 찰리 멍거는 하이에크의 비판에 공감하며 이렇게 말했다.

🌿 실제로 모든 사람들은 숫자로 나타낼 수 있는 것들을 과대평가한다. 학교에서 배운 통계적 기법에 해당되는 문제이기 때문이다. 또한 측정하기는 어렵지만, 더욱 중요한 것들은 거들떠보지

않으려 한다.

불확실성은 어떤 투자 결정을 내릴 때라도 고려해야 할 본질적 요소이다. 하지만 이를 덮어 가리고 싶어 하는 인간 심리가 이렇듯 허울만 좋은 정밀함을 요구하는 것으로 보인다. 『고객의 요트는 어디 있는가?Where are the Customers' Yachts?』의 저자 프레드 슈워드는 월스트리트의 약점을 이렇게 꼬집었다.

🌿 미성숙한 사람들은 자신이 진실이기를 바라는 것을 진실이라고 믿어 버리는 성향을 가진 듯하다. 이런 이유로 금융시장의 미래란 예측 가능하지 않다는 대단히 유쾌하지 않은 사실은 월스트리트의 의식 속에 떠오를 여지가 없이 사라져버렸다.

케인스 역시 이런 허울 좋은 정확성이야말로 주식시장의 허세나 다름없다고 말하면서 "마음의 평화와 안도감을 얻기 위해 우리는 스스로를 속이며 예견할 수 있는 것이 거의 없다는 사실을 외면한다"고 지적했다. 정교한 계량 분석은 또한 지적 책임이라는 외피로 육감의 존재를 덮어버리려는 시도다. 『이상과열Irrational Exuberance』의 저자인 경제학자 로버트 쉴러는 이에 대해 다음과 같이 말했다.

🌱 기관투자자들은 스스로가 판단한 바에 따라 가장 좋다고 생각한 대로, 즉 자신의 직감대로 투자할 권한이 있다고 느끼지 않는다. 그들에게는 위원회 앞에서 자신의 결정에 대해 정당화시킬 수 있는 이유가 있어야 한다.

복잡하고도 포괄적인 스프레드시트, 즉 현금흐름 계산, 위험조정 수익률, 의심의 여지없는 확신으로 주가를 추정하는 것 등은 모두 본질적으로 불확실한 문제에 대해 거짓 권위를 부여하기 위한 정교한 알리바이에 지나지 않는다.

고릴라 옷을 입은 소녀

'고릴라 옷을 입은 소녀'라는 이름으로 알려진 한 심리 실험은 특정 요소에만 지나치게 집중하다 보면 큰 그림을 왜곡할 수 있다는 사실을 잘 보여준다. 실험 참가자들에게 농구공을 서로 주고받는 두 팀이 나오는 짧은 비디오를 보여준다. 그리고는 한 팀에서 몇 번의 패스가 오갔는지를 세어보라고 요청한다. 팀원들이 서로를 향해 농구공 세례를 퍼붓는 동안 고릴라 옷을 입은 소녀가 코트로 깡충깡충 뛰어 들어와 멈춰 선다. 그리고는 카메라를 쳐다보고 자기 가슴을 두드리다가 화면에서 사라진다. 그런데 실험 참가자들 가운데 절반가량이 이 우스꽝스러운 출현을 보지 못했다고 말했다. 자기 팀에서 오간 패스의 숫자를 세는 데 너무 열중해 있었기 때문이었다.

이 실험의 결과에서 볼 수 있듯이 계량적 데이터에만 지나치게 집착하게 되면 적정한 주가 수준이 얼마인지에 대한 판단을 할 수 없게 된다. 벤저민 그레이엄은 이렇게 말했다.

🌿 정확한 공식과 매우 부정확한 가정이 결합하면 사실상 우리가
바라는 어떤 가격이라도 산출해내거나 정당화시킬 수 있다.
주식시장에서는 수학적으로 정교하고 난해할수록 이로부터
이끌어낼 우리의 결론은 더욱 불확실하고 투기적인 것이 되어
버린다.

이 문제에 대한 벤저민 그레이엄의 해법은 계량적 요소에 대한 의존
도를 낮추는 것이 아니라, 취득할 자산에 대해 보다 엄격한 자격 요건
을 부여하는 것이다. 그는 자신의 책 『현명한 투자자』에서 "매수 가격이
유형자산의 가치를 넘지 않는 대상으로 투자를 제한해야 한다"라고 말
했다. 이처럼 엄격한 기준을 설정해두면 투자자들이 주식투자에 있어
서 충분한 '안전마진'을 확보할 수 있을 것이라고 생각했다.

주먹구구식 투자법

주식에 필요한 만큼의 안전마진이 있는지, 즉 내재가치의 평가액과 주가 사이에 충분한 격차를 확보하고 있는지를 검증하려면 어떻게 해야 할까. 벤저민 그레이엄은 그 방법으로 '망치를 든 남자' 신드롬을 자신만의 독특한 버전으로 제시했다. 그의 가치 평가 접근법은 주로 기업의 유형자산 가치에 집중하고 있다. 이는 본질적으로는 정적인 것이다. 이 같은 기법은 대공황 이후에는 적절했을 수도 있다. 이때는 주식이 때때로 파격가에 처분되어 기업가치의 대부분이 유형자산으로 구성되곤 했다. 하지만 오늘날의 세계에서 이 방법은 실질적으로 제한적인 가치만을 가질 뿐이다. S&P500지수를 구성하는 기업들의 경우 주가의 4분의 3이 브랜드 이름이나 특허, 인적 자원 같은 무형자산으로 구성되는 시기가 됐기 때문이다.

케인스 역시 자신의 뒤를 이은 워런 버핏처럼 보다 역동적인 가치 평가 방법론을 도입했다. 이는 특정한 기업에서 발생할 예상수익률에 초점을 맞추는 방법이다. 이런 유형의 분석에 사용되는 개념적 도구는 '배당평가모형'이다. 이 모형에 따르면 특정 주식의 내재가치는 미래 예상 배당금 흐름을 현재가치로 할인한 것이다. 워런 버핏은 이 방법을 사용하는 투자자에게는 다음과 같은 점이 요구된다고 말했다.

❧ 여러분이 채권을 살 때 그것이 우량채라면 미래에 어떤 일이 일어날지 정확히 예측할 수 있다. 만약 채권 이자율이 연 9%라면 그 이자표로 향후 30년간 무엇을 할 수 있을지는 분명해진다. 이제 여러분이 기업을 사들인다면 여러분은 역시 이자표가 붙어 있는 무언가를 사들이는 셈이다. 단 한 가지 문제라면 이 이자표에는 이자율이 인쇄되어 있지 않는다는 것이다. 이 이자표에 금액을 인쇄해 넣는 것이 내 일이다.

금액이 표시되어 있는 이자표와 확정된 만기를 가진 국채 또는 회사채 등과는 달리 주식의 기대수익 흐름은 어느 정도의 정확성도 장담할 수 없다. 따라서 투자자는 차라리 주식가치를 결정하는 질적인 요소를 참고해야 한다. 워런 버핏은 내재가치를 유도하는 과정을 설명하기 위해 다음과 같은 비유를 제시한다.

🌿 이는 내가 오마하에 있는 포드 대리점을 사려고 할 때 행할 분석과 똑같다. 금액에 0이 몇 개 더 추가된다는 점만이 다를 뿐이다. 이 대리점을 사들이되 경영은 하지 않을 생각이라면 나는 여기에 관련된 경제적 사항들 가운데 어떤 것을 점검해야 하는지에 대해 알아내고자 할 것이다. 경쟁 상황은 어떠한가? 앞으로 상당 기간 자본수익률은 얼마나 될까? 경영자는 어떤 사람인가? 그는 우리에게 솔직할까? 공개기업에 대해서도 마찬가지다. 차이점이라면 오로지 금액이 더 크다는 것과 공개기업의 경우 우리는 그 지분의 일부를 사들인다는 점뿐이다.

주식의 내재가치를 규명한다는 것은 어쩔 수 없이 부정확한 행위이다. 워런 버핏은 "주식의 내재가치와 자본 가치를 정확한 수치로 집어내기는 불가능하다. 하지만 필수적으로 예측해보아야만 하는 것이다"라고 말했다.

미인주의 필요조건

이러한 관점에서 내재가치란 기껏해야 가능성의 범위에 존재하는 불분명한 측정치에 불과하다. 질적 요소가 중요한 이유는 내재가치의 계산이 적절하게 이뤄진다고 해도 고작해야 분석의 기초 단계를 넘어설 수 없기 때문이다. 벤저민 그레이엄은 이렇게 말했다.

> 🌿 주식가치에 대해 단순한 연산이나 가장 기초적인 대수의 수준을 넘어서는 믿을 만한 계산을 본 적이 없다.

내재가치 계산의 효용성은 실질적인 가치의 범위를 정하는 것이다. 또한 투자자가 주가에 영향을 미치는 주요한 요소들에 대해 주의를 기울여볼 만한지 확인시켜주는 체크 리스트를 제공하는 정도다. 워런 버핏은 이렇게 설명했다.

🌿 스튜어트 판사는 외설물의 기준을 공식처럼 정해두는 것이 불
가능하다는 것을 인정했지만, 그럼에도 불구하고 "내가 그것을
볼 때 알게 된다"고 주장했다. 마찬가지로 투자자들도 복잡한
등식 또는 역사적 주가를 참조하지 않고도 특정 투자의 고유한
위험을 부정확하지만 유용한 방법으로 볼 수 있다.

이 피치 못할 부정확성을 보상해주는 개념이 '안전마진'이다. 벤저민
그레이엄의 말을 빌리자면 안전마진이란 '계산 착오나 행운이 따르지
않는 것을 흡수하는 완충장치'다. 내재가치 측정이 부정확하다는 점을
인정하는 가치투자는 내재가치와 주가 사이에 부인할 수 없는 커다란
격차가 있는 것처럼 보이는 빼어난 주식을 발굴하려고 노력한다. 케인
스가 말하는 '극단적 선호주' 또는 '미인주'가 엄격하게 정의된 내재가치
를 보여주지는 못하더라도, 충분한 안전마진을 확보하고 있다는 점만
은 분명하다. 벤저민 그레이엄은 데이비디 도드와 함께 쓴 『증권분석』
에서 이 개념을 설명하고 있다.

🌿 흔한 비유를 들어 여성을 한 번 흘깃 쳐다보면 여성의 정확한
나이는 몰라도 투표권을 행사할 연령에 도달했는지 정도는 알
수 있다. 또한 남성의 정확한 체중은 몰라도 정상 이상으로 체
중이 많이 나가는지 정도는 충분히 알 수 있다.

가치투자는 주가 상승보다는 하락의 위험 쪽에 더 초점을 맞추는 것이다. 내재가치에 대한 충분한 할인이 주가에 반영된 것으로 보이는 주식을 선택함으로써 투자자는 내재가치의 '마룻바닥'이 장기적으로 주가를 떠받쳐줄 것임을 믿고 안도할 수 있다.

반면 투기꾼의 주요 관심사는 기업의 내재수익률이 아니라 주가를 더 비싼 가격에 팔 수 있는지의 여부이다. 이에 대해 프레드 슈워드는 다음과 같이 고찰했다.

🌿 투기란 적은 돈을 큰돈으로 바꾸려는 시도이며, 이는 성공하기 어렵다. 투자란 큰돈이 적은 돈이 되는 것을 막으려는 노력으로, 성공할 만한 시도다.

케인스는 "야성적 충동에 사로잡힌 사람들은 건강한 사람이 죽음에 대해 생각나지 않듯이, 결국에는 손실을 보게 될 것이라는 생각 자체를 거부한다"고 말했다. 반면 가치투자자는 투자하기 전에 가격 하락 위험에 초점을 맞춰 매수의 대상이 충분한 안전마진을 확보하고 있는지를 확인하고자 한다.

숫자 찍기

케인스는 통계학적 방법론에 대한 기사를 검토하면서 알렉산더 도서관을 소장하기 위해 구약성서를 그리스어로 번역해달라는 요청을 받은 70명의 학자에 대한 이야기를 생각해냈다.

🌿 이 70명의 번역자들은 각각 70개의 방에 따로따로 갇혀 헤브루어 텍스트와 씨름했지만, 이들이 가지고 나온 70개의 결과물은 모두 동일했다. 70명의 애널리스트가 똑같은 통계학적 자료를 가지고 마찬가지로 작업해도 이와 같은 기적이 일어날까?

케인스는 순수하게 계량적인 방법론만 가지고 의미 있는 내재가치를 추정해내기란 불가능하다고 생각했다. 그는 19세기 언론인 월터 배젓을 인용해가며 이렇게 말했다.

🌿 주식시장만큼 정교한 계산이 이뤄지는 곳, 또는 실체 없는 데이 터에 근거하거나 문제에 대한 몰입이 이뤄지지 못하는 계산이 행해지는 곳도 없다.

결국 주식의 내재가치를 계산하는 데에는 대단히 취약한 근거만이 존재할 뿐이며, 주식가치에 대해서는 많은 구구한 의견이 있을 수 있다.

불확실성과 질적 요인이 존재하기 때문에 주식의 내재가치 평가에 는 가능성의 범위 정도만이 설정될 수 있다. 이 점을 깨달은 케인스는 추정 내재가치의 범위에서 낮은 수치와 비교했을 때 상당히 할인된 가 격에 거래되는 주식을 찾기 위한 안전제일 전략을 채택했다.

그는 "투자자는 자신이 고려하고 있는 투자 대상의 투자 환경 및 전 망에 대해 무지할수록 더 큰 위험을 짊어지곤 한다"는 점을 깨달았다. 다시 말해 미래의 기대 현금흐름을 둘러싼 불확실성이 커지면 내재가 치 측정치의 모호성도 커진다. 그렇기 때문에 경우에 따라서는 더 큰 안전마진이 필요하게 된다.

케인스는 내재가치를 더욱 철저하게 계산할 수 있는 주식, 이에 따라 안전제일 전략에 더욱 부합하는 주식이 있다고 봤다. 그는 『고용, 이자 및 화폐의 일반이론』에서 이렇게 말했다.

🌿 투자 대상 가운데는 기대수익률이 상대적으로 가까운 미래의

수익률에 따라 합리적으로 결정되는 것들이 적지 않다. 예를 들어 공공사업의 기대수익률은 상당 부분 보장되는 게 사실이다. 공공기업에 독점권이 주어지면서 정해둔 이윤을 확보할 만한 수준으로 요금을 부과할 권리 등을 가질 수 있기 때문이다.

워런 버핏은 버크셔 해서웨이 주주들에게 보내는 편지에서 이 점을 되풀이해 말했다.

🌿 기업의 미래에 대한 불확실성이 클수록 계산이 빗나갈 가능성도 커진다.

손 안에 든 새

취득할 주식에 대해 충분한 안전마진을 요구하는 가치투자의 신조를 따르다 보면 투자자의 관심은 자연스럽게 상대적으로 안전하며 지속적인 수익 창출력을 보여주는 주식으로 기울게 된다. 미래 불특정 시점에 전도유망한 수익률을 약속하는 주식 등에 대해서는 별 관심이 없다. 1990년대 말 인터넷이 한창 뜰 때 이를 거들떠보지 않은 것으로 유명한 워런 버핏은 투자자로서 자신이 선호하는 주식은 '지루하다'는 부정적 딱지가 붙기 일쑤인 것들이라고 설명했다.

🌿 코카콜라에 대해서는 이 기업이 미래에 창출할 현금에 대해 대단히 이성적인 계산을 할 수 있다. 하지만 상위 10대 인터넷 기업에 대해서라면 이들이 향후 25년간 현금을 얼마나 창출해낼지 어떻게 알 수 있을까? 만약 여러분이 잘 모르겠다고 말한다

면 이는 여러분이 이 기업의 가치를 모른다는 뜻이고, 그렇다면 여러분은 투자가 아닌 투기를 하고 있는 셈이다. 내가 아는 것은 내가 모른다는 점이며, 모른다면 나는 투자하지 않는다.

대학 시절 영국의 철학자이자 정치가인 에드먼드 버크에 대한 논문을 쓰면서 케인스는 이렇게 말했다.

🌿 우리의 예지력은 너무도 하찮고, 멀리 떨어져 있는 결과에 대한 우리의 지식은 너무도 불확실하기 때문에 확신 없는 미래의 이익을 위해 현재의 이익을 희생하는 것은 현명한 일이 아니다.

케인스의 이 말은 다음과 같은 속담을 세련된 방식으로 표현한 것이나 다름없다.

🌿 손 안에 든 한 마리 새는 덤불 속 두 마리 새보다 값지다.

주식시장이라는 무대에서도 케인스는 주식의 가치를 결정하는 데 있어서는 미래의 불특정한 기간 동안에 생겨날 부에 대한 불투명한 약속이 아니라, '궁극적 수익력'이 기본이라는 원칙을 신봉했다. 워런 버핏 역시 특정 주식에 자본을 투입하기 전에 지속적인 수익력을 보여주는 것을 찾으라고 강조했다.

🌿 투자의 핵심은 한 산업이 사회에 얼마나 영향을 끼칠지 또는 얼마나 성장할지 등을 평가하는 것이 아니라 특정 회사의 경쟁우위, 특히 그 경쟁우위의 장기적 지속 가능성을 판단하는 것이다.

주가를 결정하는 것은 시가총액, 수입의 증가, 새로운 산업 등이 아니라 기업이 창출하는 이익이다. 수입은 500억 달러에 이르지만 이문이 박해 가판대만큼의 이익밖에 올리지 못하는 기업은 합리적 투자자에게는 거의 가치가 없다. 마찬가지로 경쟁자가 진입할 때 스스로를 방어할 장벽을 갖추지 못한 기업들은 지속 가능한 장기 수익을 창출하지 못할 것이며, 따라서 숙달된 주식투자자들의 흥미를 끌지 못한다.

우위 유지하기

학계의 동료들과는 달리 케인스에게는 경제학을 유클리드 기하학처럼 융통성 없고 완고한 것으로 만들고 싶어 하는 욕망이 없었다. "경제학이란 본질적으로 자연과학이 아니라 윤리학이다. 즉 자기 반성과 가치판단을 포함한다." 마찬가지로 케인스는 주식시장이라는 분야가 정확성을 필요로 하지 않으며, 정확할 가능성도 없다고 봤다. 불확실성이 존재한다는 피치 못할 사실, 즉 미래에 대해서라면 "우리는 한마디로 모른다"는 점과 주식가치에는 영향을 미치지만 계량화할 수 없는 요소가 존재한다는 점이 합쳐지면, 주식의 내재가치를 확정 짓는 일이란 필연적으로 부정확한 기술이 되어버린다.

내재가치란 기껏해야 일정한 범위 내에 존재한다는 점을 수긍하게 된 케인스는 주식 매수에 있어서 안전제일 전략을 고수했다. 그는 계량적 요소와 비계량적 요소 모두를 고려하여 기업의 '자산과 수익력'을 평가했다. 그리고 이 암묵적인 기업의 전체 가치를 그 기업의 지분 일부에 대해 시장이 요구하는 가격(즉 주가)과 비교했다. 케인스는 주가를 훨씬 초과하는 내재가치를 보유하면, 이미 언급한 바 있는 안전제일과 궁극적으로는 자본 이익까지 모두 달성할 수 있을 것이라고 자신 있게 말했다.

워런 버핏의 투자 원칙 역시 케인스의 투자 원칙과 대단히 유사하다. 그는 "기업의 가치 평가란 부분적으로는 예술이며, 부분적으론 과학이다"라는 점을 인정했다. 따라서 이처럼 정확성이 결여될 수밖에 없는 속성을 보상하고도 남을 만한 안전마진, 즉 재무적 충격에 대한 완충장치가 있어야 한다고 말했다.

🌿 여러분은 기업의 내재가치에 대해 일반적인 추측을 할 수 있을 정도의 지식을 가져야 한다. 하지만 그 수치를 빠듯하게 어림잡지는 말아야 한다. 벤저민 그레이엄이 안전마진을 확보하라고 말한 것은 이런 뜻이다. 8,300만 달러의 가치가 있는 기업을 8,000만 달러에 사들이려고 헛힘을 쓸 필요는 없다. 더욱더 큰 안전마진을 확보해야 한다. 다리를 짓는다면 그 위를 오갈 트럭의 무게가 1만 파운드 정도밖에 안 된다고 해도 3만 파운드를 거뜬히 지탱할 수 있도록 지어야 한다고 여러분은 주장할 것이다. 투자에도 마찬가지의 원리가 적용된다.

주식시장이라는 영역에서 정확성이란 가설에 불과하다. 불확실성 때문에 누구도 주식에 대한 정확한 가치 평가를 할 수 없다. 케인스와 워런 버핏은 이런 불확실성에 대처하는 최선의 방법은 우리가 느끼는 주식의 가치와 가격 사이에 넓은 완충지대를 확보하는 것이라고 주장한다. 결국 주식시장이 언젠간 무게를 재는 저울로 되돌아오는 순간, 이런 안전마진은 투자자가 얻는 이문으로 바뀔 것이다.

바람 부는 쪽으로 몸을 굽혀라

케인스는 효율적 시장 이론 지지자들이 내뱉는 주장을 받아들이지 않았다. 대신 그는 '진지한 개인들'보다 '투기적 참여자'들이 우세할 경우 주가와 주식의 내재가치 사이에 벌어진 격차가 상당 기간 좁혀지지 않을 것이라고 믿었다. 다른 모든 분야에서처럼 주식도 유행의 변덕에 좌우될 수 있다고 생각했다.

미술품 경매장에서 배운 교훈

1918년 3월 독일의 대공습이 성공하고, 보이지 않는 '빅 베르타(거대한 독일 대포 이름-옮긴이)'가 엄청난 파괴를 자행하면서 프랑스 수도는 공포에 사로잡히게 되었다. 수천 명의 파리 시민들은 서쪽으로 이동하였고, 케인스는 이 사람들의 물결과도 전쟁을 벌여야 했다. 이때 케인스는 친구인 화가 던컨 그랜트에게서 에드가 드가의 개인 소장품이 3월 말 파리에서 경매된다는 말을 들었다. 케인스는 이 그림들을 구매하려 영국에 대해 남아 있는 프랑스의 빚을 상쇄하자는 기발한 제안을 했다. 거장의 훌륭한 작품에 베팅하는 쪽이 재정적 어려움을 겪고 있는 프랑스 재무부 채권보다 훨씬 더 가치 있다고 주장했다.

그랜트와 블룸즈버리 그룹은 예술 작품에 대한 입찰에 나설 자금을 확보하라고 케인스를 부추겼다. 이에 케인스는 국고에서 50만 프랑 이상을 뽑아냈다. 이 일에 홀딱 빠져버린 케인스는 드가의 소장품 입찰에 국립미술관을 참여시킬 방법을 강구했다. 그뿐만 아니라 자신도 직접 경매에 참여하기로 결심했다.

빅 베르타가 주기적으로 포성을 내뿜는 동안 미술 딜러나 언론에 노출되지 않기 위해 국립미술관장은 첩보영화에서처럼 콧수염을 밀어버리고 안경을 착용한 뒤 케인스와 함께 경매장에 나타났다. 이들은 경매품 가운데 27점의 회화와 데생 작품을 사들였다. 적들에게 포위당했다는 공포와 불확실성으로 인해 가격은 극심하게 내려갔고, 그 덕분에 고갱, 마네, 들라크루아 등의 훌륭한 그림을 상당량 사들일 수 있었다. 이뿐만 아니라 많은 작품을 사들이고도 재무성 공여자금의 4분의 1이 고스란히 남았다. 이 엄청난 성공으로 블룸즈베리들은 케인스에 대해 어쩔 수 없이 경의를 표하게 되었다. 그들 가운데 한 명은 "케인스가 재무성에 존재하는 것이 이제야 정당화됐다"며 비꼬는 듯한 칭찬을 하기도 했다.

이 일은 케인스 개인에게도 큰 이득을 안겨다주었다. 당시 은밀한 파트너에게 화가 세잔의 가치를 설득하는 데 실패한 케인스는 이 후기 인상파 화가의 유명한 작품인 〈사과apples〉를 자비로 사들었다. 327파운드라는 말도 안 되는 저렴한 가격이었다.

케인스는 10여 년 지난 후 파리의 전시실에서 배운 교훈을 주식투자 분야에도 적용하게 됐다. 1920년대 후반에서 1930년 초반 금융시장 격동기 동안 '신용순환주기'에 편승하는 접근법을 내다버린 케인스는 정반대의 투자 방식으로 돌아섰다. 그 방법이란 시장의 변덕이나 유행과 무관하며, 미래 수익을 기대할 잠재력이 있을 만큼 주가가 할인된 몇 개의 주식을 매수하는 것이었다.

성공과 반전을 거듭하는 경험을 통해 케인스는 마침내 주식시장이 때때로 근시안적이고, 지나치게 낙관적이거나 비관적이며, 변덕이 죽 끓듯 하거나, 정보의 폭포에 좌우되기도 한다는 것을 알게 됐다. 이런 때야말로 "남들이 공포에 사로잡혀 있을 때 탐욕을 부려야 하며, 남들이 욕심을 부릴 때 공포를 느낄 줄 알아야 한다"는 가치투자자의 역발상 사고방식이 온당한 평가를 받게 된다.

시류 편승의 희생양

제도권에서 일하는 데 적격이었던 케인스는 아이러니하게도 부계와 모계 양쪽 모두에서 국교 반대자의 핏줄을 이어받았다. 국교에 반대한 조상들로부터 물려받은 특성들은 케인스에게는 영적 문제를 넘어서는 영역으로까지 확대된 것으로 보인다. 그는 일상에서도 역설을 즐겼고, 기성의 지혜에 맞섰다. 사회 개혁가인 베아트리스 웹에 따르면 케인스는 '사람들을 하나로 묶어버리는 흔해빠진 모든 생각들'을 혐오했다. 케인스가 때때로 역발상 투자법이라고 불렀던 '바람 부는 쪽으로 몸을 굽히기' 전략은 그의 기질에 잘 들어맞았다. 그의 본성 속에 내재되어 있는 괴팍하고도 개구쟁이 같은 측면을 즐길 수 있도록 해주었다. 그뿐만 아니라 기존의 사고방식을 거스르려는, 타고난 성향 덕분에 만족할 만한 금융수익도 올릴 수 있었다.

케인스는 효율적 시장 이론 지지자들이 내뱉는 주장을 받아들이지 않았다. 대신 그는 '진지한 개인들'보다 '투기적 참여자'들이 우세할 경우 주가와 주식의 내재가치 사이에 벌어진 격차가 상당 기간 좁혀지지 않을 것이라고 믿었다. 다른 모든 분야에서처럼 주식도 유행의 변덕에 좌우될 수 있다고 생각했다. 주가 상승이 추가적 추가 상승을 낳고, 주가 하락이 추가적 주가 하락을 가져오는 정보 폭포의 혼란스런 격류에 사로잡힐 수 있다는 것이었다. 프레드 슈워드는 이 현상에 대해 특히 냉소적인 해석을 덧붙였다.

🌿 '최고'라고 여겨지는 투자 대상은 시시때때로 변한다. 최고라고 생각되는 것이 실제로는 가장 인기 있는 것, 즉 가장 활발하고, 가장 많이 회자되고, 가장 북돋아지고, 결과적으로 그 시점에서 가장 비싼 가격을 형성하는 것일 수 있다. 이를 '감상적 오류'라고 한다. 이는 유제니 해트(타조 깃털로 장식하여 한쪽 눈이 가려지게끔 쓰는 모자-옮긴이)나 왁스 바른 콧수염처럼 유행의 문제일 뿐이다.

주식시장이란 효율성의 표본에서 벗어날 때가 많다. 즉 활황기의 상승장에서는 매수 희망자가 매도자보다 더 많고, 소강상태를 보이는 하락장에서는 매도 희망자가 매수자보다 더 많다는 것이다. 낙관주의 또는 비관주의 물결이 일어날 때마다 그 파장은 투자자의 비합리성이 훼

손되지 않던 주식에까지 영향을 미친다. 자본이 인기 있는 주식으로만 흘러들어 가고, 그 외의 것에 대해서는 관심을 돌려버리는 것이다. 벤저민 그레이엄은 『현명한 투자자』에서 이렇게 말했다.

> 🌿 시장은 과장되게 부풀리기를 즐기고 일상적인 부침을 중요한 변화인 양 과장하길 좋아한다. 그저 흥미나 열정이 사라져버린 것뿐일 때도 주가는 터무니없이 낮은 수준으로 떨어져 내릴 수 있다.

이는 특히 1990년대 욕망으로 들끓던 나날들을 생각해보면 확실하게 알 수 있다. '신경제' 주식에 사람들이 구름처럼 몰려들었던 당시에 서로 다른 두 가지 속도를 가진 시장이 창출됐다. 그중 하나인 'TMT' 3종이라고 불리던 통신, 미디어, 기술주들의 주가는 불과 몇 년 사이에 2배로 뛰었다. 반면 '구경제'라고 조롱당하던 주식들은 스포트라이트 밖으로 힘없이 밀려났다.

주식은 청개구리

농담 삼아 스스로를 '광신도들의 부 지도자'라고 칭한 찰리 멍거는 이렇게 말했다.

🌿 우리가 버크셔 해서웨이에서 창조한 것은 어느 정도는 맹신이
   다. 나는 이로 인해 버크셔 해서웨이의 주가도 영향을 받을 것
   이라고 생각한다.

어떤 투자자들은 그저 연례 주주총회에서 워런 버핏과 찰리 멍거의 옆에 앉을 권리를 얻기 위해 버크셔 해서웨이의 주식 한두 주를 사기도 한다. 하지만 1990년대 말 많은 사람들은 워런 버핏에 대해 새로운 닷컴 세상에서 결국에는 멸종하게 될 육중한 투자 공룡으로 폄하하였다. 이에 따라 버크셔 해서웨이의 주식 역시 인기가 떨어지게 됐고, 결국

유례없는 시장 대비 저평가의 시기를 보내야 했다.

　버크셔 해서웨이의 이 사례는 주식의 수명주기가 패션 액세서리처럼 변할 수 있다는 것을 보여주는 연구감이라고 할 만하다. 처음에는 주식이 갖고 있는 특정한 속성 때문에 주식투자자들의 선택을 받는다. 버크셔 해서웨이의 경우 그 속성은 가치투자 접근법의 엄청난 성공이었다. 주식에 대한 욕구가 시장 전체로 퍼져나가고, 투자자들이 이런 시류에 너도나도 편승하게 되면 주가는 내재가치의 합리적 추정치를 넘어서는 수준으로 오버슈팅 한다. 그러다가 주식이 대중들의 선호 밖으로 밀려나는 불가피한 과정을 거치게 되면 가격은, 인터넷이 보여주는 푸른 미래에 홀려 투자자들이 구경제의 주식을 내다버린 1990년대 말에 버크셔 해서웨이가 겪었던 것처럼, 이번에는 추락 쪽으로 과잉 수정된다.

　유사한 상황이 1920년대 말부터 1930년대 초까지 월스트리트에서도 나타났는데, 그 양상은 훨씬 심각했다. 에드가 로런스 스미스는 1924년 펴낸 『장기 투자처로서의 보통주』에서 주식은 유보 이익 덕분에 효율적인 '복리 이자 창출의 도구'로 작동한다는 핵심적 결론을 제시하였다. 이에 따라 보통주에 대한 맹신이 일어나게 되었다. 이미 위로건 아래로건 간에 주가가 강력한 추세로 형성되는 흐름을 보여 온 미국 주식은 로런스의 연구 결과가 발표되고 난 뒤 3년간 30%에 이르는 연간 상승률을 누렸다. 아찔하게 솟구치는 주가 수준에 어지럼증을 느끼게 된

시장은 즉각 균형을 잃고 수렁으로 곤두박질쳤다.

워런 버핏은 "1925년에 소수가 올바른 판단으로 사들이던 것을 1929년에 수많은 사람들이 잘못된 판단으로 사들였다"고 말했다. 주식은 청개구리 같다. 가장 경멸당할 때 가장 높은 보상을 약속하며, 가장 사랑받을 때 잠재적 위험이 가장 커진다.

베팅의 기술

주식시장과 가장 유사한 모델은 경마장일 것이다. 경주에서 내기꾼들은 어떤 말이 우승할 것인지를 놓고 다른 내기꾼들과 경쟁을 한다. 이때 배당률은 사람들이 어떤 말을 우승 후보로 생각하는지를 반영하며, 지속적으로 변화한다. 기회를 균등하게 제공하기 위해 말들은 제각기 무게가 다른 짐을 져야 하는 제약을 받는다. 승률이 높은 경주마는 승률이 낮은 말들보다 더 무거운 짐을 짊어지게 된다. 주식시장도 이와 비슷한 역학을 보여준다. 투자자들은 각자 자신들만의 분명한 전망에 근거해 주식을 사고팔면서 경쟁을 한다. 그리고 더 높은 잠재력을 지닌 것으로 여겨지는 주식은 전망이 불분명한 종목보다 주가수익비율이 더 높다는 제약을 받게 된다.

효율적 시장 이론에 집착하는 사람들이 가정하는 이상적인 세상에서는 매수자와 매도자 간의 거래로 형성되는 주가는 주식의 잠재수익률에 상대적인 장점을 반영하게 된다. 그럼으로써 모든 주식들은 무차별적으로 투자 대상이 되어버린다. 찰리 멍거는 〈아웃스탠딩 인베스터 다이제스트〉와의 인터뷰에서 이 점에 대해 자세히 설명했다.

🌿 경마장에 가서 베팅을 하면 그 판돈에 따라 배당률이 변한다. 주식시장에서도 마찬가지 일이 일어난다. 가벼운 짐을 진데다 뛰어난 승률을 올려왔고 발주 순서마저 좋은 말이 기록도 엉망이고 추가적인 짐까지 지고 있으며 기타 불리한 조건투성이인 말보다 우승할 확률이 높으리라는 것은 누구나 알 수 있다. 하지만 배당률을 보면 나쁜 말은 100배인데 비해 좋은 말은 1.5배에 불과하다. 이렇게 되면 통계적으로 어느 쪽에 거는 게 최상의 베팅이 되는지는 모호해진다. 이런 식으로 가격이 변해가기 때문에 시스템을 능가하는 수익률을 올리기란 매우 어렵다.

모든 것이 정확하게 배당률에 반영되는 경마와 마찬가지로 효율적인 주식시장에서는 이처럼 시스템을 뛰어넘는 수익률을 올리기가 어려운 게 사실이다. 따라서 이 두 분야에서 성공하려면 높은 배당률을 제공하는 동시에 훌륭한 실적을 올릴 확률이 매우 높은 말이나 주식의 가격이 터무니없을 정도로 잘못 책정된 대상을 찾는 게 핵심이다.

투자자나 경마 내기꾼들을 더욱 어렵게 만드는 점은 '하우스', 즉 투자자의 경우에는 주식거래소, 내기꾼의 경우에는 경마위원회가 판돈에서 수수료를 떼어간다는 것이다. 주식시장의 수수료가 경마장의 수수료만큼 큰 액수는 아니며, 역사적으로 증시의 파이는 계속 커져왔다는 점을 감안해도 다음의 원칙은 여전히 유효하다. 성공하는 투자자나 내기꾼들은 베팅에서 시장을 이겨야 한다. 이뿐만 아니라 베팅을 할 때마다 발생하는 거래비용을 보상할 만큼 충분한 이문을 남겨야 한다는 것이다. 찰리 멍거가 일깨워주는 바에 따르면 개인이 주식시장에서 성공하기 위해서는 "배당률을 이해하고, 배당률이 우리에게 우호적일 때만 베팅하도록 단련되어 있어야 한다."

향수가 아니라
식료품을 고르듯이

자유 시장 체제의 극치를 보여주는 주식시장에서는 경제학의 기본 원칙이 곧잘 혼란에 빠진다. 주가가 오르면 단지 가격이 오른다는 이유 하나만으로 주식에 대한 수요도 따라서 증가하곤 한다. 마찬가지로 주가가 떨어지면 주식 수요도 줄어들곤 한다. 이를 통해 시장은 스스로 자신의 진정한 속성을 배반한다. 주식시장은 장기적 수익력보다는 주로 단기적 가격 등락에만 관심을 기울이는 주식시장 참여자들인 '투기꾼'의 영향력하에 있다. 이 같은 행태에 대하여 워런 버핏은 현실적으로는 정반대여야 한다고 말하고 있다.

🌿 평생 동안 지속적으로 투자 대상을 순매수하려고 하는 투자자들 가운데 다수는 주가가 오르면 행복감에 잠기고, 떨어지면 불행해하는 비현실적인 행태를 보인다. 이들은 식료품 가격과 관

케인스의 6가지 투자원칙

련해서는 이런 혼동을 보여주지 않는다. 평생 동안 음식을 사 먹어야 한다는 걸 알기 때문에 이들은 가격이 떨어지면 반색을 하고, 가격이 오르면 질색을 한다(가격 하락이 즐겁지 않은 사람은 음식을 파는 쪽이다).

주식을 배당금을 지급하는 도구로 여긴다면 투자자는 주가가 변하는 것을 두려워하지 않을 것이다. 이럴 경우 투자자는 사실상 주가의 하락을 호의적으로 보게 될 것이다. 주가가 하락하면 초기 투자금에 대한 수익이라는 관점에서는 더 높은 '가격 대비 품질'을 누리게 될 것이기 때문이다.

주식을 거래용 자산으로 여기는 투기꾼들만이 주가 하락을 부정적으로 볼 것이다. 가격 이론이나 효용 극대화의 법칙에 따르면 합리적인 개인은 가격이 쌀수록 더 많이 사들이려고 하는 경향을 띠게 된다. 주식에 있어서는 가격과 수요가 상호 연관되는 경우가 많다. 대부분의 사람들이 고려하는 '이익'은 자본소득이며, 하락장이 펼쳐질수록 거래를 통해 이익을 낼 수 있으리라는 전망은 그만큼 약해진다.

케인스는 바로 이런 심리적 변덕, 즉 단기적 가격 변동에 영향 받는 시장의 경향을 토대로 자신의 투자 철학을 전개했다. 그는 미국 주식시장의 성향에 대해 토론하면서 한 동료에게 이렇게 말했다.

🌿 미국인 투자자 가운데 6개월 뒤에 일어날 일까지 내다보고 투자를 하는 사람들은 극히 드물다. 그 일이 일어날 확률이 대단히 높더라도 말이다. 이런 심리학적 특성을 이용할 때 돈을 벌 수 있다.

가치투자자들은 단기적 가격 폭포가 아니라 장기적인 수익에 초점을 맞춘다. 벤저민 그레이엄은 '현명한 투자자'는 향수를 사듯 주식을 사는 것이 아니라, 식료품을 사듯 주식을 산다고 말했다. 가장 중요하게 고려해야 할 요소는 오합지졸을 숨 가쁘게 따라잡는 일이 아니라, 바로 '가치'다.

역발상 투자의 전제조건

가치투자 전략을 고수하는 것, 즉 가격 모멘텀이 아니라 내재가치 분석에 근거해 투자 결정을 내리는 것은 종종 시장의 '반대편'에 서는 것을 의미한다. 그러나 역발상 전략이란 다른 사람들이 동쪽으로 갈 때 반사적으로 서쪽으로 가는 등 기계적으로 대중들과 반대되는 행동을 하는 것은 아니다. 맹목적인 청개구리식 투자법은 막무가내로 대중에 편승하는 투자만큼이나 위험하다. 이 역시 모멘텀 투자처럼 기본 가치 분석이 아니라, 시장 시점 선택에 의존하는 방법이다. 그렇기 때문에 투기꾼들은 군중 심리만큼이나 변덕스러운 다른 무언가를 고려해야 한다. 언제나 그렇듯 투자 결정은 시장에 흐르는 감정적 요소를 따르는 것이 아니라, 개별 주식의 주가 대비 내재가치 분석을 따라야 하는 것이다.

예를 들어 케인스도 최초 역발상 투자로 기록된 사례에서 볼 수 있듯이, 현실의 단단한 벽에 부딪치게 되었다. 1914년 7월 말 오스트리아-

헝가리 제국이 세르비아에 전쟁을 선포하며 시장이 범유럽 분쟁이라는 전망 앞에서 뒷걸음치던 날, 케인스는 광업 및 교통 관련 주식들을 잔뜩 사들였다. 그는 적대적 충돌이 특정 지역 내에서만 일어나는 데 그칠 것이라는 쪽에 패를 던진 것이었다.

"제가 보기에는 러시아와 독일이 개입할 확률은 낮을 것 같습니다." 주식을 사들이던 날 그는 아버지에게 이런 편지를 썼다. 하지만 주가는 곧 다시 뛰어올랐고 케인스의 낙관론은 쓰디쓴 패착이었음이 증명되었다. 이틀 후 러시아는 군대의 총동원령을 내렸고, 잇달아 독일이 러시아를 향해 선전포고를 했다. 도미노처럼 전 세계적으로 많은 나라들이 1차 세계대전에 휘말리게 되었다. 자신만만했던 케인스는 시장이 '현명한 다수'라는 이상적 역할을 성공적으로 완수하기도 한다는 사실을 잊었던 것이다.

세계에서 가장 성공적인 투자회사로 손꼽히는 버크셔 해서웨이의 회사명은 아이러니하게도 실패한 투자의 사례를 반영하고 있다. 버크셔 해서웨이라는, 투자에 실패한 '업종 전환' 기업의 이름을 그대로 사용하였다. 1960년대 중반 워런 버핏은 버크셔 해서웨이를 인수했다. 당시 이 기업은 과소평가된 잠재적 기회들을 판별하기 위한 여러 가지 경험적 척도, 즉 낮은 주가순자산비율과 낮은 주가수익비율 등이 두루 맞아떨어지는 것처럼 보였다. 하지만 당시 버크셔 해서웨이 주가를 낮게 형성한 시장의 결정은 옳았다. 워런 버핏은 이에 대해 다음과 같은 설명을 덧붙였다.

🌿 버크셔 해서웨이는 미국에서 남성복 슈트 안감의 50% 이상을 만들었다. 남성들이 슈트를 입는다면 그 안감이 버크셔 해서웨이의 것일 확률이 높았다. 다른 사람들에게서 안감을 구하기 힘들었던 2차 세계대전 당시에는 특히 더 그랬다. 시어스로벅(미국의 종합유통업체-옮긴이)은 우리를 '올해의 공급자'로 선정했다. 그들은 우리에게 열광했다. 그러나 문제는 아무도 양복점으로 들어와 버크셔 해서웨이 안감을 덧댄 스트라이프 슈트를 찾지 않는 상황이 되자, 그들은 우리에게 미터당 0.5센트씩을 더 주는 일을 하려고 하지 않았다.

안감을 만들 당시 버크셔 해서웨이는 가격 결정력을 갖고 있지 않았다. 제품이 1차 상품이었기 때문에 격렬한 가격 경쟁에 시달렸다. 회사를 인수한 지 20년이 지난 후 워런 버핏은 버크셔 해서웨이 섬유 공장의 문을 닫을 수밖에 없었다.

싸면서 좋기까지 한 것

초창기 버크셔 해서웨이가 겪은 불운은 케인스와 워런 버핏 모두가 가르쳐주는 교훈을 보여주는 사례다. 그 교훈은 지속 가능한 경쟁우위, 또는 워런 버핏의 용어를 빌리자면 '경제적 해자'를 확보한 기업이 지분을 취득해야 한다는 것이다. 버크셔 해서웨이가 처음에 영위했던 섬유 제조업은 높은 자본적 지출이 필요한 반면, 일반적으로 저조한 수익률을 가져다주는 1차 산업이었다. 워런 버핏은 독점적인 영업권이나 확고한 과점 체제, 잘 알려진 브랜드 네임 같은 튼튼한 진입장벽을 구축하고 있는 기업들이 장기적 투자 전망에서는 훨씬 더 유리하다는 점을 알게 되었다.

워런 버핏은 "순풍보다 맞바람에 더 센 기업에 투자하는 것이 중요하다"고 강조했다. 그는 "위대한 기업이 순간적인 어려움에 사로잡힐 때 투자 기회가 나타난다"고 조언했다. 이 점에서 워런 버핏은 그의 멘토인 벤저민 그레이엄의 방식과 다르다. 벤저민 그레이엄은 보통의 기업을 싼 가격에 사들여야 한다고 생각했다. 그는 단순하지만 확실한 양적 기준을 충족시키는 주식들로 광범위하게 분산된 포트폴리오를 꾸렸다. 그는 종목의 숫자를 충분히 확보해야 몇몇 기업들의 부침을 이겨낼 수 있고, 결국에는 주가 상승을 맛볼 수 있으리라고 예상했다.

반면 워런 버핏의 투자 기준은 질적인 요소에 초점을 맞춘다. 그는 지배적 위치에 있는 위대한 기업, 다른 사람들이 함부로 흉내 낼 수 없으며, 장기적 지속 가능성이나 상당한 영속성을 갖춘 영업권을 보유한 기업을 찾는다. 이처럼 질적인 측면을 강조하여 방어력 있는 '해자'를 구축한 기업을 적정한 가격에 사들이려는 워런 버핏의 방법론은 케인스의 접근법을 반영하고 있다. 한 잡지의 인터뷰 기사에서 케인스는 '블루칩(수익성, 성장성, 안전성이 높은 대형 우량주)'의 덕목을 지지한다고 말했다.

❧ 일반적으로 투자자는 은행주나 석유주, 투자신탁, 채무증권, 우선주나 보통주 중에서 자신이 선호하는 주식의 분야를 결정한다. 그리고 그 범주 안에서 가장 좋은 주식만을 매수하는 것이 훌륭한 전략이다.

소위 '턴어라운드 주식'은 대부분 가치투자자에게는 극히 박한 안전마진만을 제공한다. '맑은 하늘'만 펼쳐질 것이라는 낙관적 전망에 근거해서 미래의 수입을 예측하는 것은 투기적인 일이다. 장기투자자에게는 질적으로 훌륭한 기업이 훨씬 좋은 투자처다. 이에 대해 찰리 멍거는 다음과 같이 말했다.

> 🌿 장기적으로 봤을 때 주가수익률은 해당 기업이 사업으로부터 벌어들이는 수익률을 뛰어넘기 어렵다. 40년간 자본 대비 6%의 영업수익률을 올려온 기업을 40년간 보유하고 있었다면, 여러분의 주가수익률은 6%에서 크게 벗어나지 않을 것이다. 처음 주식을 사들였을 때 아주 싼값에 매수했다고 해도 마찬가지다. 반대로 20~300여 년간 자본 대비 18%의 수익률을 올린 기업의 주식이라면 비싼 값에 사들였다고 해도 여러분은 결과적으로 좋은 성과를 거둘 것이다.

복리의 엄청난 누적 효과를 이용할 줄 아는 장기투자자라면 단 한 번 싼값에 매수해서 수익률을 올리는 것이 아니라, 꾸준히 증가하는 기업이익을 통해 높은 수익률을 맛볼 수 있을 것이다.

실패주는 성공주의 다른 이름

경험적 증거에 따르면 일반적으로 역발상 투자법은 타당한 것으로 보인다. 많은 연구들이 장기적으로 봤을 때 '가치주'가 '성장주'를 뛰어넘는 성과를 낸다는 점을 보여주고 있다. 즉 상대적으로 낮은 주가수익비율이나 주가순자산비율, 높은 배당수익률을 보이는 주식이 시간이 지남에 따라 투자자에게 더 나은 수익률을 제공해왔다는 것이다.

 '효율적 시장 이론의 아버지'로 알려진 시카고 대학의 유진 파머 교수도 전 세계 주요 주식시장에서 가치주가 성장주보다 높은 수익률을 안겨준다는 사실을 발견하였다. 주식시장에서는 또한 '평균으로의 회귀' 현상도 관찰된다. 경제학자 로버트 쉴러는 한 연구에서 다음과 같이 말하였다.

 🌿 S&P지수의 10년 실질수익률은 사실상 이 기간이 시작되던 시

점의 주가수익비율과 반비례 관계에 있다.

쉴러의 설명에 따르면 이것이 의미하는 바는 "치솟아 오른 시장은 떨어져 내리려는 경향이 있다"는 것이다. 행동주의 경제학자인 리처드 탈러와 베르너 드 본트는 평균 이하의 실적을 내는 주식들을 폭넓게 연구한 결과 "직전 2~5년 동안 극히 저조한 수익률을 낸 '실패주'를 사들이는 전략을 구사하면, 이후 몇 년 동안 평균을 크게 초과하는 수익률을 올릴 수 있다"는 점을 발견했다. 과거의 '실패주'가 '성공주'의 수익률을 연 8%가량 웃돌게 된다는 것이었다.

'평균으로의 회귀'란 단기적으로 지수를 초과하는 수익률을 올린 주식이 장기적으로는 시장수익률을 하회하며, 그 역의 경우도 성립한다는 이론이다. 이는 주식시장이 궁극적으로는 주가의 오버슈팅을 제한함으로써 투표계산기가 아니라 가치와 무게를 재는 저울의 기능을 한다는 점을 밝힌 가시적 선언이라고 볼 수 있다.

수많은 투자자들은 이처럼 가치주가 시장수익률을 상회하게 된다는 점과 이례적으로 달아올랐던 주식은 평균으로 회귀하는 경향을 보인다는 점에 근거해 간단한 역발상 투자법을 개발해왔다. 가장 잘 알려진 접근법이 '다우의 개Dogs of the Dow' 전략이다. 다우존스 산업지수에 편입된 30개 종목 중에서 전년도 배당수익률이 가장 높은 10개 종목을 매수하는 것이다. 이 전략을 뒷받침하는 이론적 근거는 다음과 같다.

1. 다우존스산업지수에 포함된 모든 종목은 상대적으로 안정적인 배당금을 지급하는 '블루칩' 기업들이다.

2. 배당률이 높게 책정되어 있다는 것은 그 주식이 상대적으로 저평가되어 있고, 가격 사이클의 저점에서 거래되고 있다는 것을 알려주는 지표가 된다.

다우의 개 효과를 통계적으로 분석해보면 '다우 톱 10'이 대부분의 기간 동안 초과 수익률을 거뒀다는 점을 확인할 수 있다. 하지만 케인스와 워런 버핏은 이런 시스템을 받아들이지 않을 것이다. 이 시스템은 규칙을 기계적으로 적용할 뿐, 깊은 분석의 흔적이 보이지 않기 때문이다.

대포 소리가 들리면 사라

프로빈셜 보험회사에 있던 케인스의 한 동료는 당시의 투자위원회 위원 중 한 사람이 인도 국채를 살 것을 제안했던 일화를 회고했다. 그 제안을 들은 케인스는 당시 이렇게 대답했다. "좋고 말고요, 하지만 타이밍이 중요해요, 총독이 암살될 때까지 기다립시다!" 케인스는 이때가 '미인주'가 출현하기에 꼭 필요한 조건을 갖춘 불확실성의 시기라는 점을 깨달았다.

이런 경향을 좀 더 극단적으로 보여주는 사례이자 경제학이 우울한 학문이라는 혐의에 신빙성을 더해주는 예로 케인스의 제자였던 이탈리아 경제학자 피에로 스라파를 들 수 있다. 케임브리지에 회자되는 이야기에 따르면 상당한 상속 재산을 보유하고 있던 스라파는 '하나의 완벽한 투자대상'을 끈기 있게 기다렸다. 2차 세계대전 때 연합군이 히로시마와 나가사키에 원폭을 투하한 직후 그는 일본 국채에 거금을 투자했다. 그 결과 스라파는 일본의 전후 '기적의 시기'에 큰 부를 거둬들일 수 있었다.

케인스 자신은 대공황 동안 창출된 엄청난 불확실성과 공포를 이용해 역발상 투자의 가장 위대한 승리를 거머쥐었다. 1933년 말 폭격에 충격을 받은 미국 투자자들이 루스벨트의 강경한 반기업적 발언에 위축됐을 때, 케인스는 유틸리티 기업의 우선주를 사들이기 시작했다. 아무리 생각해봐도 이 주식들은 "현재 회복할 가망이 없을 정도로 미국 투자자들의 눈 밖에 나 있는데다 주가가 실질가치 이하로 심하게 저평가됐다"고 판단했기 때문이었다.

루스벨트가 전기 관련 유틸리티 사업을 국유화할지도 모른다는 두려움은 있었지만, 케인스는 다음과 같은 믿음으로 상당량의 지분을 취득했다.

> 🌿 오늘날 미국의 우선주 가운데 일부는 가끔씩 아주 좋은 기회를 제공한다. 바로 한동안 비이성적이라 할 정도로 시대에 뒤처져 있는 시장에서 주식을 싼값에 사들일 수 있는 기회이다.

그 이듬해 케인스의 재산은 3배로 불어났다. 대부분 그가 월스트리트로 뛰어든 이후에 번 돈이었다. 이와 유사하게 워런 버핏은 또 다른 심각한 주식시장 침체기에 역발상 투자로 역사상 가장 눈부신 성공을 거뒀다. 많은 전문가들이 '주식의 죽음'이 임박했다고 선언했던 1974년에 워런 버핏은 대량의 워싱턴포스트의 지분을 사들였다. 워런 버핏의 설명에 따르면 시장을 짓누르고 있는 비관주의 때문에 이 기업은 어떤 합리적인 척도로도 설명이 안 될 만큼 저평가되어 있었다.

> ❧ 워싱턴포스트의 시가총액이 8,000만 달러에 불과했던 1974년에 여러분은 이 기업을 사들였어야 했다. 당시 기업은 채무도 없었고, <워싱턴포스트>와 <뉴스위크>를 소유하고 있었다. 그리고 워싱턴 D.C. 및 플로리다 주 잭슨빌에 CBS 방송국, 마이애미에 ABC 방송국, 하트포드-뉴헤이븐에 CBS 방송국을 보유하고 있었다. 또한 80만 에이커에 달하는 캐나다 삼림지 지분의 절반과 연간 20만 톤을 생산하는 제분소, <인터내셔널 헤럴드 트리뷴> 지분의 3분의 1, 그 밖에도 내가 기억하지 못하는 많은 것들을 가지고 있었다. 수천 명의 투자 애널리스트나 대중매체에 나오는 전문가들 누구에게라도 이 자산의 가치가 얼마쯤 되겠느냐고 물어본다면 4억, 5억, 6억 달러에 달한다는 대답이 돌아올 것이다.

이처럼 거대한 불확실성이라는 조건이 있을 때 극단적으로 왜곡된 가격에 베팅할 수 있는 기회가 생겨나게 된다. 앞선 케인스의 경우에서는 핵심 자산들의 가치를 각각 계산해 합해보는 기본적인 산술 과정만으로도 가격이 왜곡돼 있다는 사실을 알 수 있다. 워런 버핏은 '두려움은 유행을 추종하는 사람들에게는 적이지만, 가치투자자들에게는 친구'라는 점을 상기시켰다. 가치투자자들은 불확실성 때문에 위협을 느끼기는커녕 안전마진을 바탕으로 불확실성을 이용한다.

훌륭한 역발상 투자자의 조건

케인스는 반항적인 개인주의자이자 팀 플레이를 크게 믿지 않는 사람이었다. 한때 그는 농담 삼아 자신이 가장 즐기는 취미가 '조용한 사회에 평지풍파를 일으키는 것, 특히 시티에서 그렇게 하는 것'이라고 말했다. 그는 체질적으로 다수와 조화를 이루지 못하는 것처럼 보였다. 타고난 역발상 투자자인 케인스는 투자위원회의 결정에 따라 투자를 하는 접근법에 대해서도 불편해했다. 그는 이튼 스쿨의 재무위원회 위원인 한 지인에게 편지를 보내 이렇게 말했다.

> 🌿 내게 있어 투자의 중심 원칙은 일반의 의견과 거꾸로 가는 것이다. 모두가 투자 대상의 장점에 동의하게 되면 불가피하게도 그 대상은 너무 비싸져 매력이 없어지기 때문이다. 나는 분명 지금이 2가지를 다 가질 수 없다. 투자의 요체란 전적으로 대부분의

사람들이 여기에 동의하지 않는다는 데 있다. 따라서 다른 사람들이 나와 경쟁할 만큼 충분히 자신감을 느끼지 않는다면, 나는 도의적으로 불공정한 전투에서 물러날 것이다.

케인스는 군중의 일원일 때는 군중을 뛰어넘는 수익률을 지속적으로 거둬들일 수 없다는 사실을 뚜렷이 인식하고 있었다. 벤저민 그레이엄의 충고에 따르면 주식시장에서 지속적인 성공을 거두려면 오로지 다음과 같은 투자 원칙을 따라야 한다.

1. 건전하고 전도유망한 투자 원칙

2. 월스트리트에서 인기가 없는 투자 원칙

케인스는 투자위원회의 동료들과는 달리 유행이 아닌 가치투자만이 중요한 문제라는 것을 깨달았다. 지식이 평가되는 것이 아니라 무게로 재어지는 것인 양 지성의 영역을 대중에게 맡겨버리면, 이것은 나쁜 실적으로 가는 지름길이 된다.

가치투자자는 애당초 대중을 거스르는 투자자다. 저평가된 주식이 있다는 것은 시장 전반이 아직 해당 주식의 수익 잠재력을 깨닫지 못했거나, 적어도 과소평가하고 있다는 의미다. 하지만 대중을 거스르는 투자를 하려면 시장에 광범위하게 퍼져 있는 정서에 단지 기계적으로 반대하는 것 이상으로 더 많은 노력을 해야 한다. 거친 물살을 거슬러 헤엄을 치기 위해서는 수영을 잘해야 한다. 가치투자자는 특정 기업이 지속 가능한 수익 흐름을 창출할 수 있다는 독자적인 분석을 한 뒤에야 만족한다.

워런 버핏은 잘라낼 수 있는 국지적 종양을 갖고 있는 훌륭한 영업권을 가진 기업과, 경영자가 기업에 피그말리온 효과(타인의 기대나 관심을 바탕으로 성과 등이 좋아지는 현상-옮긴이)가 일어나기를 기대하거나 바라는 업황 회복주를 구분해야 한다고 말한다.

가치투자자는 다른 모든 것이 동일할 때 주가가 하락하면 똑같은 돈으로 더 많은 수익을 창출할 수 있다는 것을 알고 있다. 그렇기 때문에 기업의 수익 전망에 실질적인 변화만 없다면 주가가 하락해도 낙담하지 않는다. 현명한 투자자는 현재 인기가 없다고 해서 반드시 미래의 수익성까지 떨어지는 것을 의미하지는 않는다는 사실을 알고 있다.

시간의
흐름을
즐겨라

케인스의 말에 따르면 가치 창출 과정에 있어서 시간
을 동지로 삼는 현명한 투자자는 시장의 변덕보다는
'강력한 복리 이자의 작용'에 의존한다. 매수 후 보유
전략을 취하는 가치투자자에게 중요한 것은 시장의
진출입 시점이 아니라, 시장에서 흘러가는 시간이다.

매수 후 보유하기

케인스의 모교인 킹스칼리지에는 후기 고딕 양식의 훌륭한 건축물로 손꼽히는 중세의 예배당이 있다. 헨리 제임스는 영국에서 가장 아름다운 교회라고 말했고, 윌리엄 워즈워스는 빛과 그림자가 휴식하고 음악이 깃드는 훌륭한 지성의 영예로운 작품이라고 찬사했다. 1930년대 중반 케인스는 아주 특별한 과제를 안고 헨리 6세가 신의 영광을 드높이기 위해 건축한 이 미의 공간으로 성큼성큼 걸어 들어왔다. 그는 우뚝 솟은 기둥과 둥근 아치 천장을 이리저리 살펴보았다. 그러나 예배당의 심미적 매력을 감상하려는 목적은 아니었다.

수학자이기도 했던 케인스는 건물의 재화용적(배 안에 짐을 실을 수 있는 공간의 총용적)을 어림잡아 계산해갔다. 그의 목적은 예배당 안에 남아메리카에서 선적해오는 어마어마한 양의 곡물을 보관할 수 있을지 살펴보려는 것이었다. 상품시장에서 능란한 수완을 발휘한 덕분에 케인스는 영국 전체의 한 달 공급량에 맞먹는 밀을 떠안게 될 처지에 놓이게 되었다. 하지만 케인스는 시세가 자신의 약정 가격 이상으로 치솟을 거라는 확신을 갖고 있었다. 그는 현물 가격과 약정 가격의 차액을 지불하는 전통적 선물 계약 방식을 따르는 대신, 실제로 곡물을 실어오기로 결정했다.

아름다움에 대한 추구가 상업적 욕망을 이기는 경우는 드물지만, 이번 상황은 달랐다. 킹스칼리지의 예배당을 곡물 창고로 바꾸려는 케인스의 무례한 계획은 실패로 돌아갔다(보기에도 예배당은 그 정도의 화물을 수용할 만큼 크지 않았다). 대신 케인스는 밀가루에 허용량 이상의 바구미가 섞여 있다고 주장하며, 화물의 품질에 이의를 제기해 교묘하게 시간을 벌었다. 밀 속의 바구미가 소탕됐을 무렵에는 시세가 치솟아 교활한 경제학자는 결국 이 계약으로 큰돈을 벌게 됐다.

신성한 예배당을 역사상 가장 우아한 창고로 바꾸려 했던 케인스의 대담한 계획은 그가 풋내기 심미주의자에서 현실적인 금융투자자로 변모한 것을 의미한다. 그뿐만 아니라 그의 투자 철학 역시 모멘텀 투자에서 애호하는 몇 종목에 '충성'을 다하는 방식으로 바뀌었음을 의미한다. 초창기의 가치투자자로서 케인스는 '조용히 하기'가 최선의 전략이라고 믿었다. 가격의 단기적 부침은 '소음'으로 치부하며 무시할 수 있다. 단련된 투자자라면 시장이 투표계산기가 아니라 저울이 되어 돌아올 때까지 끈기 있게 기다려야 한다. 케인스는 투기꾼들이 단기적으로 행동하든 말든 내버려두었다. 그리고 자신은 스스로 선별한 포트폴리오에 견실하게 집중하는 것만이 군중의 비이성적 행동에 이성적으로 대응하는 유일한 방법이라고 생각했다.

이런 매수 후 보유 전략은 주식을 미래 수익 흐름에 근거해 평가하는 투자 철학을 보완하는 것이었다. 나아가 장기투자자들에게 대단히 낮은 거래비용이라는 무시할 수 없는 특혜를 가져다 줬다. 이뿐만 아니라 복리 이율의 엄청난 힘을 누릴 수 있도록 해줬다.

투기꾼과 투자자의 차이

20세기 초 반反독점 정책에 힘을 쏟았던 루스벨트 미 대통령은 "카드, 복권, 경마로 도박을 하는 것이나 주식시장에서 투기하는 것 사이에 윤리적 차이는 전혀 없다"고 단언했다. 하지만 케인스는 이런 평가에 동의하지 않았다. 주식시장에서의 투기가 경마장이나 도박장에서 즐기는 것보다 국가 건전성에 더 해롭다고 생각했다. 그는 1932년 영국심의회를 상대로 이렇게 주장했다. "도박은 한 나라의 산업이나 통상이 아닌, 사소한 것들과 연관돼 있는 편이 훨씬 낫다." 케인스는 투기적 충동을 해소하는 데 있어 경마장 등은 상대적으로 해롭지 않은 배출구라고 생각했다. 반면 "주식거래에 베팅을 하다가는 나라의 산업 전체가 카지노의 부산물이 되어버리고 말 것이다"라고 주장했다.

케인스는 투기적 주식시장 참여자의 사회적 악영향을 상품이나 화폐시장 투기자의 영향과는 대조적인 것으로 보았다. 케인스는 후자의 투기꾼들은 위험에 처한 상황에 확실성을 가져다줌으로써 '유용하며 필수적인 서비스'를 제공하는 셈이라고 주장했다.

> 🌿 위험이 존재하는 피치 못할 상황에서는 자격도 없고, 위험을 부담할 의사도 없는 사람, 위험 때문에 본업에 제대로 집중하지 못하는 사람이 아니라 자격을 갖추고 있고 위험을 부담할 의사가 있는 쪽에서 위험을 부담하는 편이 더 낫다.

케인스는 "주식시장의 사회적 목적은 새로운 투자가 미래 수익률의 관점에서 가장 수익성이 높은 길로 향하도록 만들어주는 것이다"라고 설명했다. 주가의 흐름은 자본시장에서 자본을 그러모으는 기업의 능력에 영향을 미친다. 그뿐만 아니라 기업의 차입 능력, 인수 능력, 추구하는 전략에까지 영향을 미친다. 주식시장이 가장 성공적인 기업에게 보상을 해줘야 한다는 것은 자본주의를 차별화시키는 근본적인 교의다. 자본주의 시스템에서의 성공이란 '장기적으로 지속 가능한 수익을 올릴 수 있는 능력'으로 정의될 수 있다.

이런 사회적 목적 달성을 수월하게 해주는 것은 주식의 예상 총수익에 대한 정보를 가지고 투자 결정을 내리는 '기업가적 투자'뿐이다. 벤저민 그레이엄에 따르면 주식시장에서 투기가 일어날 때는 대체로 A는 B, C, D가 무슨 생각을 하고 있는지를 짐작하려고 한다. 그리고 B, C, D

역시 다른 참여자들이 무슨 생각을 하고 있는지를 짐작하려고 하는 데서 문제가 발생한다. 이것은 그저 자본 흐름을 왜곡하여 자본과 명성을 사업 성과와는 동떨어진 것으로 만들 가능성이 크기 때문이다. 케인스는 『고용, 이자 및 화폐의 일반이론』에서 "투자 전문가의 사회적 목적은 우리의 미래를 감싸고 있는 시간과 무지의 검은 힘을 물리치는 것이다"라고 말했다.

케인스가 생각하는 완벽한 세상에서 주식시장에 참여하는 개인들이란 투자 대상의 전체 주기에 걸친 예상수익률의 장기적 예측을 근거로 주식을 보유하기 위해 사들이는 사람들이다. 그들은 급격히 요동치는 단기적 대중 심리를 예측한 후 그에 편승하기 위해 실탄을 장전 중인 투기꾼이 아니다.

'조용히 있기' 전략

케인스는 자신의 개인적 신념에 부합하는 경제 이론을 만들어낼 수 있는 능력을 갖고 있었다. 『고용, 이자 및 화폐의 일반이론』의 중요한 결론 가운데 하나는 빈사 상태의 경제에 정부 지출이 동력을 불어넣어줄 수 있다는 것이다. 이는 돈이란 사용하기 위해 있는 것이지 묻어두기 위한 것이 아니라는 케인스의 관점과 완벽하게 일치한다. 케인스는 "투자의 포괄적인 사회화가 어느 정도는 필요하다"고 주장하였다. 이는 어떤 경우에는 국가가 임명한 관리가 무질서한 시장보다 더 나은 역할을 한다는 그의 신념을 반영한 것이다. 또한 주식시장의 투기에 반대하는 입장을 취한 것은 이후 가치투자의 화신이 된 것과도 일맥상통한다. 그러나 화폐나 상품시장의 투기에는 다소 다른 입장을 취해 상품이나 외환시장에서 재미를 볼 수 있는 여지를 남겨두었다.

케인스는 생전에는 물론 사후에도 숱한 공격을 받았다. 그를 지적 궤

변론자로 매도하고, 개인적 편향에 맞춰 그의 이론을 정형화하려는 시도들이 계속되었다. 하지만 그를 방어해준 것은 사회적으로 책임 있는 주식투자, 즉 예상수익률을 근거로 취득한 주식을 꾸준히 보유하는 전략이 장기적으로 부를 창출하는 데 가장 적합하다는 사실이었다. 투자를 장기적인 지평으로 내다보면 투자자들은 지속적인 주가 급등락에 따른 혼란 너머의 것을 볼 수 있게 된다. 그뿐만 아니라 거래를 할 때 마다 발생하는 매매비용으로 불가피하게 자본이 줄어드는 것을 방어 할 수 있게 된다.

더욱 중요한 것은 '조용히 있기' 전략, 즉 시장 가격과 내재가치 사이에 커다란 차이가 있는 경우에만 행동에 나서도록 스스로 제한하는 전략 덕분에 투자자는 엄청난 복리의 위력을 누릴 수 있게 된다는 점이다. 복리 이자란 금융에서 눈덩이와 같은 작용을 한다. 자산을 통해 얻은 수익이 재투자되면 이 수익이 다시 수익을 불러들인다. 이 과정에서 최초 자본의 공헌도는 기하급수적으로 커진다. '72의 법칙'은 복리 이자율을 통해 원금이 기하급수적으로 증가하는 메커니즘을 설명한다. 72를 투자수익률로 나누면 자본과 그 수익을 합쳐 원금이 2배가 되는 데 걸리는 대략적인 기간이 나온다. 예를 들어 연간 6%의 재투자수익률을 올리는 자산이 원금의 2배가 되려면 12년이 걸리지만, 연간 수익률이 9%인 자산은 8년 만에 2배가 된다.

케인스의 말에 따르면 가치 창출 과정에 있어서 시간을 동지로 삼는 현명한 투자자는 시장의 변덕보다는 '강력한 복리 이자의 작용'에 의존한다. 매수 후 보유 전략을 취하는 가치투자자에게 중요한 것은 시장의 진출입 시점이 아니라, 시장에서 흘러가는 시간이다.

수수료의 함정

케인스는 주식 중개인이나 투자 매니저에 대해 호의적인 감정을 갖고 있지 않았다. 자신이 쓴 첫 책인 『인도 통화와 재정』에서 케인스는 이런 질문을 던졌다.

> 유용성이나 난이도에서 결코 뒤지지 않는 사회적 서비스를 수행하는 일꾼들이 일을 해서 받은 급여 가운데 일부를 언제까지 시티 종사자 집단에 갖다 바쳐야 할까?

그는 말년에 투자의 세계에 입문하려는 조카에게 주식 중개인의 조언은 귓등으로도 듣지 말라고 충고했다. 케인스는 주식 중개의 세계에는 다위니즘(자연계에서 생물은 그 생활 조건에 적응해야만 살아남을 수 있다는 이론을 중심으로 한 다윈의 진화요인론)과는 정반대되는 것, 즉 가장 열등한 자가 생존한다는 법칙이 통용되고 있다고 말했다. "우리는 주식 중개인의 충고가 틀릴 것이라고 생각해야 한다. 내부자로서 유리한 입장을 가진 그들이 훌륭한 충고를 할 능력까지 있다면 이미 오래전에 한몫 잡아 은퇴했을 것이다"라고 말했다.

버크셔 해서웨이의 워런 버핏과 찰리 멍거 역시 케인스와 마찬가지로 금융자문 관련 직종을 싫어한다. 워런 버핏은 이에 대해 익살스럽게 표현했다. "월스트리트는 롤스로이스를 타고 출근하는 사람이 전철을 타고 출근하는 사람에게 자문을 받으러 오는 유일한 장소다." 찰리 멍거 역시 케인스의 주장을 지지했다.

🌿 나도 투자 운용업을 천박한 직업으로 여기는 케인스의 관점에 동의한다. 그들이 하는 일이라곤 영속적인 보통주들의 세상에서 이리저리 종목을 갈아타며 옮겨 다니는 게 대부분이기 때문이다. 이런 일을 하는 사람들은 서로에 의해 그 효과가 상쇄된다.

월스트리트의 냉철한 현실주의자 고든 게코는 주식시장의 투자가 총체적으로 '누군가 얻으면 누군가는 잃는 제로섬 게임'이라고 설명했다. 따라서 다른 층위의 매개자가 끼어들면 투자자 전체의 총수익률은 줄어들 수밖에 없다. 나아가 주식 중개인이나 투자 운용자들은 주식시장의 투기적 참여자들에 대해 훨씬 더 간교하게 영향력을 행사한다.

　주식 중개인이나 기타 시장 매개자들은 마치 상어와 같이 꾸준히 움직여야만 살아남을 수 있다. 투자자와 중개인의 이해는 거의 일치하는 게 없다. 중개인들은 '과잉 매매'를 통해 수수료를 극대화하려는 동기에 의해 움직이며, 그 돈은 고스란히 투자자의 주머니에서 나온다. 워런 버핏은 "머리카락을 자를 때는 이발사에게 조언을 구하지 마라"라고 꼬집었다. 중개인들은 과잉 매매만을 부추기는 게 아니다. 수수료, 매도 손실, 기타 대행경비 등을 발생시켜 적극적 투자자의 원금에 큰 손실을 입힌다.

돈은 엉덩이가 벌어준다

중개 수수료 및 기타 거래비용에는 긍정적인 특징이 하나 있는데, 지나치게 잦은 거래에 대한 제동장치가 될 수 있다는 점이다. 증시 참여자들이 매수나 매도를 할 것인지 다시 한 번 생각해보게 만들어, 그들이 가혹한 대가를 치르지 않도록 도와준다는 것이다.

주식을 비롯하여 자산을 매도할 때 실현되는 이익에 부과되는 '자본 이득세'에는 다양한 형태가 있다. 그런데 이는 사실상 자본 이득에 부과되는 세금이 아니기 때문에 거래세에 가깝다. 주식을 보유하고 있는 투자자는 주가가 올라도 그 미실현 이득에 대한 명목상의 세금 부담을 지지 않는다. 납세 의무는 오직 주식을 매도할 때만 생겨난다.

매수 후 보유 전략을 가진 투자자들은 때로 '장기적 자본 이득'에 대해 특권을 얻기도 한다. 예를 들어 1년 이상 보유한 주식에 대해서는 세율이 낮아진다. 세율 인하라는 특혜에 더해 납세 의무까지 연기되는 덕분에 투자자의 포트폴리오 세후 가치도 상당히 긍정적인 영향을 받게 된다. 해마다 포트폴리오 구성을 바꾸는 적극적 시장 참여자는 해마다 납세 의무를 지게 될 것이다.

반면 매수 후 보유 전략을 취하는 투자자는 주식을 보유하고 있는 동안에는 이론적으로만 납세 의무를 질뿐이다. 따라서 '세전 이득'은 여전히 자신의 수중에 둘 수 있다. 이런 투자자는 사실상 조세 당국으로부터 무이자 대부를 받은 셈이다. 다른 모든 조건이 동일할 때 매수 후 보유 전략을 취하는 투자자는 복리의 기하급수적 효과로 인하여 훨씬 더 큰 세후 수익률을 올리게 된다.

워런 버핏과 찰리 멍거는 시장에서 지나치게 잦은 거래가 이뤄져 '스스로에게 입힌 상처'를 계속 키우고 있다고 맹렬히 비판했다. 워런 버핏은 '지나치게 활발한 주식시장은 기업의 주머니를 축내는 소매치기'라고 경고했다. 이에 대해 찰리 멍거는 비용을 최소화하는 전략을 추천했다.

🌿 거액의 투자를 한 후 뒤로 물러나 앉아 기다리는 태도를 취하는 투자자에게는 엄청나게 유리한 점이 있다. 중개업자에게 돈을 덜 갖다 바쳐도 되고, 상식 밖의 얘기를 덜 들어도 된다. 그렇게 되면 정부의 조세 제도는 여러분에게 추가적으로 1~3%의 연복리를 얹어줄 것이다.

워런 버핏은 버크서 해서웨이의 주주들에게 보내는 편지에서 이렇게 말했다.

🌿 투자자의 활동이 증가할수록 전체적으로는 수익률이 떨어진다.

장기적 관점의 주식투자 전략

케인스는 성공적인 투기꾼들의 덧없지만 강력한 만족감을 무엇보다 잘 이해하고 있었다. 『고용, 이자 및 화폐의 일반이론』을 쓰면서 케인스는 "인간의 본성은 결과물이 재빨리 나오기를 갈망하고, 평범한 사람들은 멀리 있는 이득일수록 더 높은 비율로 할인한다"는 사실을 알게 됐다. 이는 현대의 행동 경제학자들이 '과장된 할인'의 병적 상태라고 말하는 심리이다.

케인스는 이런 심리학적 특성에 대한 지식을 바탕으로 투자 경력 후반기에 주식시장에서 큰 성공을 거뒀다. 장기적 전망을 갖는 것은 저평가된 주식의 숨은 잠재력을 실현하게 한다는 투자 전략과 맞아떨어진다. 그뿐만 아니라 그 '꾸준함' 덕분에 적극적 투자자의 자본을 잠식하는 거래비용으로부터 투자자를 지켜주기도 한다.

케인스는 『고용, 이자 및 화폐의 일반이론』에서 만약 강제적으로 주식시장 참여자들에게 장기적 관점을 갖도록 하면 단기 실적주의나 과잉 거래를 일으키는 불안을 치유할 수 있을 것이라고 말했다. 그는 "모든 거래에 대해 정부 차원에서 거래세를 도입하면 기업에 대한 투기가 지배하는 현상이 완화될 것이다"라고 말했다.

후일 워런 버핏도 이 아이디어를 채택했다. 그는 보유 기간이 1년 이하인 주식에 대해서는 그 이익에 대해 100%의 세금이 부과되어야 한다고 주장했다. 워런 버핏은 버크셔 해서웨이의 주식을 분할하는 것을 꺼렸다. 이것은 버크셔 해서웨이 주식의 유동성을 낮춰 이 주식에 대한 투기적 욕구를 줄이려는 워런 버핏만의 방식인 셈이다. 케인스는 주식투자를 장기적 관점으로 접근할 때의 장점에 대해 이렇게 설명하고 있다.

> 🌿 결혼과 마찬가지로 주식 취득 역시 죽음 또는 기타 중대한 사유가 발생할 경우를 제외하고는 영구불변한 것으로 만드는 것이 우리 시대의 병폐를 치유하는 데 유용할 것이다. 이렇게 하면 투자자들은 눈을 장기적 전망으로, 오로지 장기적 전망 쪽으로만 돌릴 것이기 때문이다.

케인스는 외환 및 상품시장에서 하룻밤의 쾌락에 몸을 던지던 금융시장의 바람둥이에서 자신이 선택한 주식시장의 몇몇 '애호 종목'에만 충심을 다하는 충직한 인물로 변화했다. 워런 버핏 또한 투자 전략을 논할 때 결혼의 비유를 사용한다. 그는 자신의 주식시장 접근법을 '죽음이 우리를 갈라놓을 때까지' 전략이라 불렀으며, 버크셔 해서웨이는 '영구적 보유의 결의'를 가지고 있다고 말하였다.

20세기 초의 유명한 주식투자자이자 증시 하락론자였던 제시 리버모어는 월스트리트를 '거대한 매음굴'에 비유했다. 즉 주식 중개인이 평범한 남자들을 상대로 주식을 이용한 뚜쟁이 노릇을 하며 살아가는 곳이라는 것이다. 하지만 한때는 투기꾼이었던 케인스는 매수 후 보유 전략을 수용하게 된 이후에는 정숙한 여인 같은 주식들을 원했다. 즉 자신이 선별한 소수의 '미인주'들과 충직하고도 생산적인 관계를 맺고자 했다. 워런 버핏이 버크셔 해서웨이 주주들에게 보내는 편지에서 상기시켰듯이 투자자는 움직여야 보상받는 것이 아니라, 옳은 길을 가야 보상받는다.

제5원칙

집중투자하라

케인스는 투자 경력의 후반기 동안에는 매우 단순한 주식 포트폴리오를 유지했다. 그가 보유한 주식 포트폴리오의 절반 이상이 몇몇 극소수의 기업으로만 이뤄졌다. 포트폴리오 집중에 대한 신념 덕분에 케인스는 시장평균보다 부침이 심하긴 해도, 훨씬 더 우월한 투자 성과를 거둘 수 있었다.

평균의 법칙에서 도주한 사람

케인스의 조부는 이익을 내는 데 귀재였다. 그는 영국인들이 원예활동에 끝없는 집념을 보인다는 점을 이용하여 화훼 사업에서 부를 이뤘다. 특히 1840년대 '달리아 열풍'에 편승해 큰돈을 벌었다. 케인스의 조부는 예리한 통찰력을 지난 사업가로 언제나 돈이 될 만한 화초 품종에만 확실하게 집중투자했다. 처음에는 달리아, 나중에는 장미와 카네이션에 투자했다. 당대의 한 원예 잡지의 말을 빌리자면 케인스의 조부는 수상쩍은 사업에 돈과 정력을 낭비하는 일과는 거리가 멀었다. 케인스 역시 자신의 조부와 마찬가지로 몇몇 '애호 종목'에만 집중투자하는 것이 무차별적으로 분산 전략을 취하는 것보다 훨씬 더 나은 수익률을 가져다준다고 믿었다.

케인스는 몇몇 종목에만 거액을 투자한다는 비판을 받아왔다. 한 해운회사의 크고 특출한 사업부만을 사들인 적이 있었는데, 이에 대해 프로빈셜 보험회사의 동료들은 그를 비난했다. 그들의 비난에 케인스는 신경을 곤두세우며 이렇게 답했다.

🌿 해운회사의 지분을 너무 과하게 보유한 것은 미안하지만, 나는 항상 좋은 주식 하나가 나쁜 종목 10개보다 안전하다는 환상에 시달려왔다. 그러면서도 다른 사람들 가운데, 특히 이런 환상을 함께 공유할 사람이 거의 없다는 것을 언제나 잊고 있다. 가격은 지금쯤 6펜스가량 올랐을 것이다. 그러나 여러분이 원하는 만큼 손실 없이 잉여 부분을 처분할 수 있다.

대중과 반대로 투자하려는 케인스의 의지는 확고부동했다. 그는 최적의 주식 포트폴리오란 광범위하게 분산된 것이라는 관점을 받아들이지 않았다. 기존의 금융 이론은 시장이 비효율적이라고 주장한다. 즉 모든 주식에는 정확한 가치가 매겨지며, 미래에 일어날 미지의 사건에 따라 가격이 등락한다는 점에서 어떤 주식이든지 간에 차별되지 않는다는 것이다. 이런 가정에서 사람들은 특정 주식수익률이 시장평균을 밑돌 경우를 대비해서 그 여파를 최소화하기 위해서는 많은 종류의 주식을 보유하는 게 더 낫다는 생각을 지혜로운 접근법으로 받아들이게 된다.

분산투자란 "계란을 전부 한 바구니에 담지는 마라"라는 속담을 주식시장에 응용한 것이다. 케인스는 끈기 있고 정보력 있는 개인이라면 시장 대표주로 이뤄진 지수의 수익률을 크게 뛰어넘는 상승 전망을 보이는 '최고 선호 종목'들을 골라낼 수 있다고 생각했다. 시장이 주기적으로 이런 극소수의 '미인주', 즉 워런 버핏의 말을 빌리자면 '슈퍼스타' 또는 '그랜드 슬램 홈런' 등을 내다버릴 때마다 현명한 투자자는 이런 주식들에 투자하는 것을 두려워하지 말아야 한다.

이에 따라 케인스는 투자 경력의 후반기 동안에는 매우 단순한 주식 포트폴리오를 유지했다. 그가 보유한 주식 포트폴리오의 절반 이상이 몇몇 극소수의 기업으로만 이뤄졌다. 포트폴리오 집중에 대한 신념 덕분에 케인스는 시장평균보다 부침이 심하긴 해도, 훨씬 더 우월한 투자 성과를 거둘 수 있었다.

분산과 집중

포트폴리오 다변화는 본질적으로 방어적인 전략이다. 나쁜 실적을 낸 주식이 전체 포트폴리오에 미칠 영향을 감소시키고자 다종다양한 주식에 폭넓게 투자를 하는 것이다. 나아가 주식 포트폴리오가 다변화하면 할수록, 즉 포트폴리오가 전체 시장을 반영하면 할수록 시장수익률을 하회하는 실적을 낼 위험도 낮아진다.

금융 분야에서는 위험을 시장지수 대비 특정 포트폴리오의 변동성으로 정의해왔다. 따라서 이러한 정의는 포트폴리오를 분산하는 것이 극소수의 주식만을 보유하는 쪽보다 덜 '위험'하다고 주장한다. 평균적인 투자자 역시 일반적으로는 위험 회피자들이며, 미래 손실의 위험을 낮추기 위해서는 포트폴리오의 낮은 예상수익률이라는 대가를 치러야 한다는 점을 받아들인다.

케인스 자신은 그저 중간 정도의 성과를 내는 데 절대 만족하지 않았다. 하지만 그 역시 주식시장에 대해 특별한 지식이 없는 개인에게는 "되도록 많은 분야에 투자처를 분산하는 전략이 가장 현명한 것일 수도 있다"고 인정했다. 워런 버핏 역시 주주들에게 보내는 편지에서 같은 의견을 제시했다.

🌿 분산투자는 무지에 대한 방패막이 역할을 한다. 여러분이 시장과 비교해 어떤 나쁜 일도 겪지 않을 것이라는 사실을 확신하기 위해서는 모든 종목을 다 보유해야 한다. 그것이 잘못됐다고는 절대 말할 수 없다. 이것은 기업 분석을 할 줄 모르는 사람에게는 완벽하게 건전한 접근이다.

케인스는 가치투자의 지침을 엄격하게 적용할 수 없거나, 하지 않을 투자자가 "스스로 투자 종목을 고르는 일은 스스로가 주치의나 담당 변호사가 되려고 하는 것만큼이나 경솔한 짓이다"라고 생각했다.

이런 투자자에게는 인덱스 펀드가 저비용으로 주식시장에 접근할 수 있는 수단이 될 수 있다. 인덱스 펀드란 주식들 간에 적절한 가중치를 부여한 포트폴리오로 시장수익률을 비슷하게 흉내 내려는 투자 수단이다. 워런 버핏은 '특정 산업의 장기 소유자'가 되고자 하는 단순한 투자자는 다음과 같아야 한다고 주주들에게 설명했다.

🌿다양한 주식을 보유하는 동시에 자신의 매수 행위를 잊고 있어야 한다. 예를 들어 주기적으로 인덱스 펀드에 투자하다 보면 아무것도 모르는 투자자라도 대부분의 투자 전문가들보다 높은 실적을 낼 수 있다. 아둔한 돈이 자신의 한계를 자각하게 되면, 역설적으로 이는 더 이상 아둔한 돈이 아니다.

나아가 정기적으로 일정한 양의 돈을 인덱스 펀드에 넣는 투자자는 '미스터 마켓'의 무절제를 자동으로 상쇄하게 될 것이다. 이런 투자 관행을 '정액분할 투자법dollar cost average'이라고 한다. 미스터 마켓이 조증 국면에 있을 때, 즉 주식의 기본 가치를 훌쩍 뛰어넘는 가격을 부를 때 주당 가격이 높아진 탓에 투자자는 투자 금액 대비 적은 수의 주식을 사게 될 것이다.

반대로 미스터 마켓이 우울 증세로 돌아서면 주가는 기본 가치보다 한참 아래의 수준까지 추락하고, 투자자는 같은 지출액으로도 더 많은 주식을 사들일 수 있게 된다. 정액분할 투자법은 간단하지만 시장 흐름에 역행하는 전략이다. 이는 투자자들이 시장의 속내를 미루어 짐작하려는 헛다리 짚기식 노력을 하지 않아도 되게 해준다.

미인에게 집중하라

대중에 편승해서는 절대 두드러진 성과를 낼 수 없다. 분산투자는 주가 하향의 변동성뿐만 아니라 상향 변동성까지도 제약한다. 케인스는 시장을 잘 이해하고 있는 투자자에게 분산된 주식 포트폴리오란 그저 허튼 소리에 지나지 않는다고 생각했다.

주식을 분석할 줄 아는 투자자라면 오로지 가능성 있는 '미인주'에만 집중하고 있어야 한다. 그러다가 시장이 때때로 이를 대중에게 내밀 때 상당한 수량을 확보해야 한다. 투자 인생의 황혼기에 접어든 케인스는 이에 대해 다음과 같은 결론을 내렸다.

🌿 자신이 완전히 흡족하게 생각하는 소수의 종목을 선별한 후에 종목별로 상당한 규모를 보유하는 것에서 모든 투자수익이 나온다. 평범하게 뒤섞여 있는 투자의 주머니로부터는 어느 누구

도 무언가를 얻어내지 못한다.

버크셔 해서웨이의 워런 버핏과 찰리 멍거 역시 '만루 홈런에 몰아넣기'를 권장했다. 찰리 멍가는 '소수의 뛰어난 종목에 투자한 후 눌러앉기' 투자 전략을 추천했다. 워런 버핏은 "여러분이 어떻게 해야 하는지를 잘 알 수 있는 '슈퍼스타'를 찾아냈을 때 중요한 것은 많은 양을 사들이는 것이다"라고 조언했다. 워런 버핏은 "해야 할 가치가 아예 없는 것들은 잘할 가치도 없다"고 말했다. 즉 '홈런'을 날린 주식이 전체 포트폴리오 가운데 극히 작은 부분만을 차지하고 있다면, 그 효과는 크지 않을 것이다.

포트폴리오 집중은 몇 가지 이유로 분산투자보다 나은 결과를 얻을 수 있다. 그 이유들 가운데는 낮은 거래비용(브로커의 수수료는 거래 규모가 커질수록 비례적으로 줄어든다)과 낮은 관리비용 등이 포함된다. 하지만 현명한 투자자는 포트폴리오를 집중시켜야 한다는 것에 대한 가장 힘 있는 주장은 워런 버핏이 주주들에게 보낸 편지에서 잘 드러나 있다.

🌿 교육받은 투자자가 왜 자신이 가장 좋아하는 종목들, 가장 잘 이해하고 있으며 가장 낮은 위험을 제시하고, 가장 커다란 수익의 가능성을 보여주는 종목에 추가로 투자하는 것을 마다하고,

20번째로 선호하는 종목에 돈을 분산하는지 이해할 수가 없다.

분산을 하도록 동기부여 하는 것은 주식시장에서 투기를 부추기는 충동과 똑같다. 바로 대중의 일부가 되고자 하는 욕구다. 금융시장 종사자였던 제럴드 로브는 "광범위하게 분산된 포트폴리오란 어찌할 바를 모르겠다는 것을 인정하는 신호이며, 평균만 하겠다는 노력이다"라고 말했다. 스스로 주식의 순위를 정할 수 있는 능력이 있다고 믿는 투자자에게는 포트폴리오 집중 전략이 더욱 바람직하다.

모른다는 것을 아는 것

분산투자는 투자자가 불확실성에 대해 바치는 공물이다. 세계 최초의 분산투자 옹호서라고 할 수 있는 구약성서의 전도서는 독자들에게 이렇게 권한다.

> 🌾 너희의 곡물을 바다 너머로 보내라. 머지않아 보답을 받을 것이니라. 너희의 상품을 7개나 8개로 나누라. 무슨 재앙이 땅에 임할지 모르기 때문이다.

'분산하라'는 성서의 이러한 명령은 불확실성에 대처하는 관습적인 반응을 반영하고 있다. 즉 할 수 있는 한 위험을 희석하여 완화하라는 것이다. 분산투자란 사실상 위험 경감보다는 위험 분산의 전략인 것이다. 주식시장에서의 불확실성과 위험에 대한 케인스의 반응은 이처럼 널리 알려진 지혜와는 극단적으로 달랐다. 그는 동업자들에게 보낸 편지에서 이렇게 설명했다.

🌿 위험에 대한 내 이론은 확신 없는 분야로 지분을 분산시키기보다는 위험하지 않다는 믿을 만한 증거를 보여주는 한 가지 종목을 상당량 보유하는 편이 낫다는 것이다.

주식이 위험하지 않다는 증거를 보여주는지 확신하기 위해 가치 투자자는 충분한 안전마진을 확보한 주식을 찾아 나선다. 즉 추정 내재가치와 현재 주가 사이에 상당한 격차가 있는 주식을 찾는다. 이런 분석을 할 때 현명한 투자자는 반드시 자신이 이해하고 있는 기업에만 초점을 맞출 것이다. 케인스는 자신이 "판단을 내릴 수 있을 만큼 충분한 정보를 갖고 있는 한 가지 주식을 거의 또는 전혀 모르는 10가지 주식보다 선호한다"고 말했다.

워런 버핏의 용어를 빌려 설명하자면, 현명하고 정보력 있는 투자자는 자신의 '능력 범위' 안에 있는 분야만을 샅샅이 조사하고 만족스러운 안전마진을 보여주는 주식에만 투자함으로써 주가 하락 위험에 대처한다는 것이다. 현명한 투자자는 소크라테스와 마찬가지로 자신이 아는 범위가 어디까지인지를 잘 알고 있기 때문에 현명한 것이다.

집중해서 좋은 점

역설적인 얘기지만 분산투자는 보험과 마찬가지로 사실상 위험한 행위를 더욱 부추긴다. 홍수보험flood insurance에 가입한 사람들이 물가에 더 가까이 집을 지으려는 유혹을 느끼듯, 또한 안전벨트를 맨 운전자가 더 공격적으로 운전을 하듯, 고도의 분산투자를 하는 투자자들 역시 상대적으로 잃을 게 작다면 투기적 주식거래에 돈을 좀 걸어볼 수 있다는 생각을 하게 된다.

경제학자이자 주식 중개인이었던 데이비드 리카르도는 "나는 적은 돈만을 걸기 때문에 잃어도 후회할 게 없다"고 합리화하기도 했다. 또는 이런 현상을 해석하는 데 현대적인 권위를 지닌 밥 딜런은 "아무것도 가진 게 없으면 아무것도 잃을 것이 없다"라고 말했다.

집중투자자는 분산투자자들과는 대조적으로 특정 주식에 자금을 배분하기 전에 상당한 수준의 안전마진을 요구한다. 손실에 대한 두려움은 집중하게 만들어주는 훌륭한 구실이 된다. 자금의 큰 부분을 오로지 한 주식에만 투자하려는 투자자는 이 투자 대상 후보에 대해 더 철저하게 조사하려고 한다. 워런 버핏의 말에 따르면 포트폴리오 집중 전략은 "투자자가 매수하기 전에 사업 내용을 더 많이 고려하게 만든다. 그리고 기업의 경제적 특성에 대해 더 큰 편안함을 느끼기 위한 욕구를 갖게 만든다."

'투자 손실의 발생 가능성'이라는 아마추어들의 정의대로라면 소수의 주식에만 집중투자하는 전략은 적어도 포트폴리오 위험을 높이지 않는다. 현명한 투자자는 오로지 가격과 내재가치 사이에 가장 큰 간극을 보이는, 즉 장기적으로 투자 손실을 상쇄할 만한 가장 큰 안전 마진을 제공하는 주식만을 선택할 것이다.

단순한 포트폴리오가 다변화된 포트폴리오보다 변동성이 크다는 것은 분명한 사실이다. 하지만 주가의 상승보다는 수익에 초점을 맞추는 장기 보유자에게 단기적 가격 변동은 관심의 대상이 되지 않는다. 사실 가치투자자도 극심한 변동성이 나타날 조짐을 보여주는 주식을 선호한다. 차이점이라면 가치투자자들은 주로 상향 변동성을 기대한다는 것이다. 가치투자자에게 위험이란 단순한 두 글자의 단어가 아니다. 이들은 위험을 방어적이 아니라, 사전에 대책을 강구하는 방식으로 다룬다.

독하게 기다렸다가
크게 휘둘러라

포트폴리오 분산 전략은 시장의 효율성을 믿는 데서 나오는 논리적 귀결이다. 케인스는 "어떤 투자법은 관점을 포함하고 있고, 어떤 투자법은 그렇지 않다고 믿는 것은 잘못된 생각이다. 모든 투자란 시장의 한 가지 특정 측면에 몰두한다는 의미이다"라고 말했다. 극도의 분산 전략은 그 핵심을 들여다보면 특정 개인에게 주식 선별이란 무의미한 작업이라는 사실을 투자자가 용인한다는 의미다. 즉 하나의 주식은 다른 주식과 차이가 없다는 것이다. 시장이 특정 개인보다 잘 알고 있으리라고 생각하는 것은 순진한 생각이다.

케인스는 시장이 항상 공개적으로 접근 가능한 정보에 근거해 주식 가격을 정확히 평가하고 있기 때문에, 놀랄 만한 수익 잠재력을 지닌 숨겨진 주식을 찾아다니는 것은 무의미하다는 생각에 반대하는 입장을 취했다. 그의 관점은 한층 더 실용적이다. 이는 투자자이자 금융이론가로서의 자신의 체험에 근거한 것이다.

케인스는 금융거래가 일반적으로 효율적일지는 몰라도, 항상 효율적인 것은 아니라고 생각한다. 때때로 주식시장은 내재가치와 극단적으로 어긋나는 주가를 형성하기도 한다. 미스터 마켓은 특히 양극단으로 괴리된 상황 때문에 고뇌하고 있을 수 있다. 바로 이때 현명한 투자자라면 대량으로 사들여야 한다.

시인 폴 발레리는 알베르트 아인슈타인에게 아이디어를 기록하는 노트를 가지고 있느냐고 물어보았다. 그러자 아인슈타인은 이렇게 대답했다. "아, 그럴 필요가 없어요, 아이디어가 떠오르는 때가 극히 드물거든요." 마찬가지로 훌륭한 주식을 기본 가치 대비 할인 가격에 사들일 수 있는 기회도 흔치 않다. 집중투자의 대가인 필립 피셔는 이렇게 말했다.

🌿 노련한 투자자는 자신의 문제가 너무 많은 훌륭한 주식 가운데 무엇을 골라야 하느냐가 아니라, 투자하기에 충분할 만큼 훌륭한 주식을 찾아내는 일이라는 것을 알게 된다. 지나치게 긴 투자 대상 목록을 갖고 있다면 이는 그 보유자가 영리한 투자자라는 의미가 아니라, 스스로를 신뢰하지 못하고 있다는 점을 나타내는 것이다.

케인스는 '최고 선호 종목'이란 대단히 드물다는 점에 동의하면서 이렇게 말했다. "특정 시점에서 개인적으로 완벽한 확신을 갖게 되는 기업이 2~3개를 넘는 경우가 거의 없다." 따라서 시장이 특정 주식을 내재 가치 대비 상당히 할인된 가격에 내놓으면 투자자는 이를 의미 있는 규모까지 사들여야 한다. 찰리 멍거는 주가 책정이 잘못된 주식에 '몰빵' 하는 버크셔 해서웨이의 전략을 다음과 같이 설명하였다.

🌿 군대에서 그리고 젊은 변호사 시절에 포커를 친 덕분에 내 사업 능력은 더욱 연마됐다. 여러분이 배워야 할 점은 승산이 없다면 일찍 판을 접어야 하지만, 매우 유리한 상황이라면 크게 걸어야 한다는 것이다. 유리한 상황이 자주 오는 것은 아니기 때문이다. 기회는 오지만 자주 오지는 않는다. 기회가 올 때 반드시 잡아라.

워런 버핏은 종종 추종자들에게 훌륭한 투자 기회가 대단히 희귀한 만큼 너무 아끼려고 해서는 안 된다는 점을 상기시켰다. 뛰어난 주식이 나타났을 때 가치투자자는 자신의 판단을 믿고, 상대적으로 큰 자본을 투자하는 것을 두려워해서는 안 된다.

슈퍼스타 트레이드

케인스나 워런 버핏처럼 주식을 매수 후 보유하는 전략을 쓰는 투자자의 포트폴리오는 시간이 흐르면서 자연히 특정 종목으로 집중된다. 포트폴리오 내에서는 불가피하게 다른 것보다 나은 성과를 올리는 몇몇 주식이 생기며, 이런 '미인주'들이 전체 투자 금액에서 큰 부분을 차지하게 되기 때문이다. 포트폴리오 집중 전략은 보유 주식을 리밸런스(종목 교체 등을 통한 불균형의 조정)하려는 본능적 욕구를 경계한다. 왜냐하면 주식시장에서 투자자는 소수의 기업에만 투자하고 있기 때문이다.

워런 버핏은 이에 대해 다음과 같은 예를 들어 설명하고 있다. 투자자가 몇몇 유망한 농구선수의 미래 수익에 대한 지분 20%를 매수한다면, 학교를 졸업하고 NBA로 가는 선수들이 결국 그 투자자의 수익 흐름 대부분을 차지하는 셈이 된다.

🌿단지 포트폴리오에서 지배적인 비중을 차지하고 있다는 점 때문에 이 투자자에게 가장 성공적인 주식의 상당 부분을 팔아치우라고 하는 것은 팀에 가장 비중이 크다는 이유로 마이클 조던을 시카고 불스에 트레이드시키라고 말하는 것과 유사하다.

워런 버핏은 성공적인 성과를 올렸다는 얼토당토않은 이유로 '슈퍼스타 주식'을 팔아 치워서는 안 된다고 경고한다. 주식의 매도나 보유 결정은 과거의 성과 측정이 아니라 오로지 현재 주가 대비 미래 기대수익 평가치에 근거해서 이뤄져야만 한다.

숙면을 방해하는 집중은 피하라

한 인터뷰에서 케인스는 "사교계에 걸맞은 투자 전략이란 단 한 종류의 주식만을 보유하고 있다가 매주 이사회에서 이를 바꾸는 것이다"라는 파격적인 의견을 내놓았다. 다소 과장된 이 발언은 수동적이며, 부동산 지향적인 투자 스타일을 고집스럽게 집착하는 보수적 인물들을 몰아내기 위한 것이었다. 프록코트를 입은 점잖은 신사들을 자극하여 안일한 자기만족에서 깨어나게 하려는 기발한 문제 제기였다. 이 의견은 '집중투자'에 대한 케인스의 신념을 상당히 반영하고 있다.

그러나 간소한 포트폴리오를 꾸리고자 했던 케인스조차도 집중의 원칙을 "지나치게 멀리까지 가져가면 안 된다"는 점에 대해서는 동의했다. 케인스는 '균형 잡힌 투자 포지션'을 유지하기 위해서는 어느 정도의 분산은 필요하다는 점을 인정했다. 그는 '균형 잡힌 포지션'을 다음과 같이 정의했다.

🌿 개인들의 지분 크기와 관계없이 다양한 위험이 들어 있으며, 필요하다면 대립되는 위험도 들어 있는 것(예를 들어 금과 관련된 지분이 대표적이다. 일반적인 변동성 장세가 시작되면 이런 주식은 반대 방향으로 움직이기 때문이다.)

대립되는 위험이라는 특성을 갖춘 주식 포트폴리오(예를 들자면 석유 생산업체와 항공사처럼)는 적어도 부분적으로는 특정 주식에 대한 예측 불가능한 효과를 상쇄해줄 것이다. 투자자들은 서로 다른 종류의 자산에 자본을 분산함으로써, 집중된 포트폴리오를 유지하면서도 분산투자로 얻은 이익의 일부를 누릴 수 있다. 즉 주식만 보유하는 것이 아니라 부동산이나 채권 등에도 투자하는 것이다.

케인스의 자산은 주식에 집중돼 있었다(그는 집이나 기타 다른 부동산을 소유한 적이 없다. 사망 당시 그의 총자산의 90%가 주식 포트폴리오였다). 하지만 대부분의 투자자들은 한 종류의 자산에 대한 의존도를 상대적으로 낮추는 편을 선호한다.

미국 투자자인 J. 피어폰트 모건은 주식 걱정에 잠을 설치곤 하는 친구에게 이렇게 말했다. "잠을 잘 수 있는 수준까지 주식을 팔아라." 마찬가지로 대부분의 가치투자자들은 케인스보다는 좀 더 광범위한 분야에 투자하는 접근법을 수용하고자 할 것이다.

집중하는 것이 안전하다

가치투자는 주식의 양보다는 질을 강조한다. 시장에 대해, 적어도 시
장의 어떤 특정 분야에 대해 좀 안다고 생각하는 투자자들에게는 케인
스가 말한 '최고 선호 종목'에 초점을 맞추는 투자가 이치에 맞는다. 이
몇 안 되는 종목(케인스는 몇 종목이나 보유해야 하는지 정확한 숫자를 말한
적이 없다. 워런 버핏은 한 성명서에서 '적정한 가격대의 기업 5~10개 정도'를
제안한 적이 있다)에 보유 자금의 상당 부분을 투자해야 한다.

현명한 투자자는 자신들이 분석하고 있는 기업에 대해 잘 알고 있
다. 또한 상대적으로 큰돈을 지출하는 것을 정당화하기 위해서는 안심
수준이 매우 높아야 하기 때문에 부지런히 분석하여 투자가 위험하지
않다는 조건이 충족될 때만 투자할 것이다. 그들은 오로지 시장이 효
율적이기 때문에 투자자가 해당 기업을 유심히 분석할 필요가 없다는
생각으로 잘 알지도 못하는 이런저런 주식에 돈을 던져 넣는 일은 하지

않을 것이다.

따라서 집중투자란 목표 주식 포트폴리오를 유지하는 일일 뿐만 아니라, 투자자의 '능력 범위' 안에 있는 선별된 주식들로 투자 후보를 제한하는 일이다. 또한 강력한 집중력으로 이런 주식들을 평가하는 일이다. 현명한 투자자는 자신의 자금을 모든 투자 기회에 반사적으로 분산하지 않을 것이다. 케인스는 이렇게 말했다.

🌿 바닥에 구멍이 몇 개나 뚫렸는지 알아볼 시간도 기회도 없는 상황에서 계란을 수많은 바구니에 나눠 담는 일이란 위험과 손실을 높이는 가장 확실한 길이다.

케인스는 돈과 관련된 기존의 생각과는 정반대로 포트폴리오 집중이 포트폴리오 분산보다 덜 위험하다고 주장하였다. 투자자들은 자신의 능력 범위 안에 있는 주식만을 제한적으로 분석할 것이며, 자금의 상당한 비중을 한 주식에만 배분하려면 커다란 안전마진을 요구하게 될 것이기 때문이다. 케인스는 프로빈셜 보험회사 사장에게 보내는 편지에서 이렇게 지적했다.

🌿 시간이 지날수록 올바른 투자 방법이란 스스로 잘 알고 있거나, 경영방식에 대해 완전한 믿음을 갖게 된 기업에 큰돈을 집어넣

는 것이라는 확신이 커져간다. 잘 알지도 못하고, 특별히 신뢰할 이유도 없는 여러 기업에 폭넓게 분산투자함으로써 위험을 제한할 수 있다고 생각하는 것은 잘못된 생각이다.

케인스는 특정 주식의 투자 위험 수준은 해당 주식을 둘러싼 무지와 불확실성의 수준과 맞먹는다고 강조했다. 가장 큰 안전마진을 확실히 제공하는, 즉 가격 하락 위험이 가장 낮은 주식이 큰 수익을 올려줄 가능성이 가장 크다. 케인스는 오로지 '미인주'에만 '몰방'함으로써 투자자들은 포트폴리오의 위험을 낮출 수 있고, 시장을 능가하는 수익률을 올릴 최고의 기회를 갖게 될 것이라고 말했다.

제6원칙

절제와
균형의 미덕을
발휘하라

현명한 투자자는 시장이 항상 정확한 주가를 형성하는 능력을 가졌다는 점에는 회의적이지만, 그럼에도 적절하게 겸허한 전망을 유지한다. 이런 투자자는 시장의 가격 결정이 대체로 효율적으로 이뤄진다는 점을 수긍하지만, 그럼에도 확고하게 자기 능력 범위 안에만 머무른다. 마찬가지로 이런 투자자는 과신에 사로잡히지도 않는다.

주식시장의 금욕주의자

케인스는 '돈에 대한 사랑이 만악의 근원'이라는 성聖 티모시의 믿음에 조건부로만 동의했다. 그는 돈을 소유물로 생각하여 집요하게 돈만을 추구하는 사람들을 경멸했다. 하지만 돈을 받을 때보다 더 정직하게 헌신할 때는 거의 없다는 새뮤얼 존슨의 말에도 동의했다. 케인스는 『고용, 이자 및 화폐의 일반이론』에서 이렇게 말했다.

🌿 돈을 벌고 개인적 부를 추구할 기회가 있기 때문에 인간은 자신의 위험한 성향을 상대적으로 해롭지 않은 통로로 돌려 배출할 수 있다. 이런 성향은 어떤 식으로라도 충족되지 않으면 잔혹성이나 개인적 권력 그리고 권위에 대한 무자비한 추구, 기타 다른 유형의 자기강화에서 출구를 찾게 될 것이다. 다른 사람들을 괴롭히는 것보다 자기 은행 계정을 상대로 학정을 펴는 편이 낫다.

케인스는 어떤 경우든 이처럼 '돈을 벌려는 열정'에 사로잡힌 사람들을 필요악이라고 생각했다. 이렇게 이윤추구에 사로잡힌 사람들이 인류를 경제적 축복과 물질적 풍요라는 약속의 땅으로 데려가주는 역할도 하기 때문이다.

케인스는 돈에 대해 보다 실용적인 생각을 가지고 있었다. 생일선물로 고작 돈을 받았다고 격분한 친구 던컨 그랜트에게 케인스는 냉정하게 이런 얘기를 들려주었다. "물건은 재산일 때는 좋지만, 그 자체로는 전혀 중요하지 않다." 그는 훗날 『화폐개혁론』이라는 책에서 '수단으로서의 돈'이라는 주제에 이렇게 말했다.

🌿 돈이란 것이 한 손에서 다른 손으로 흘러가며 주거니 받거니 하다가 제 역할을 다한 뒤에는 국부의 총합에서 사라져가는, 그 자체로는 중요할 것이 없는 단순한 매개물이라는 것을 사람들이 알아채기는 쉽지 않아 보인다.

케인스는 돈을 버는 일이란 분수를 벗어나지 않는 것이어야 한다고 생각했다. 즐거움이나 지적 게임으로, 삶에서 좋은 것을 구하기 위한 수단으로 돈을 벌어야 한다는 것이다. 이런 실용적 태도 덕분에 케인스는 야성적 충동의 공격을 견더낼 탄탄한 내공을 쌓을 수 있었다. 그리고 주식시장에 대해서도 보다 현명하게 접근할 수 있었다.

케인스는 투자에 입문한 초창기에 잘못된 출발을 경험한 뒤 주식 시장에서 지속적으로 성공하기 위해서는 대중의 행동에 동참하기보다는 이를 이용할 줄 알아야 한다고 생각했다. 또한 맹목적으로 대중을 좇기보다는 사업가적 접근법으로 투자 결정을 내리는 쪽이 훨씬 바람직하다는 것을 깨달았다.

케인스는 1920년대로부터 금융거래란 애당초(단기적으로) 예측이 불가능하다는 교훈을 얻었다. 따라서 현명한 투자자는 자신들이 시장의 행동을 통제할 수 없다는 점을 깨닫고, 자신들의 행동을 통제해야 한다. 워런 버핏은 훗날 이렇게 말했다.

🌿 의사결정을 위한 건전한 지성의 틀과 이 틀을 좀먹지 않도록 감정을 절제하는 능력이 필요하다.

어떤 일도 하지 말고
그냥 그곳에 서 있으라

케인스는 주식거래가 요구하는 대가에 대해 잘 알고 있었다. 케인스는 자신의 회고록에서 파리평화회의에 참석한 독일 측 대표를 주식시장에서 쫓겨난 사람처럼 일그러지고 풀죽은 얼굴에 지친 눈빛을 한 딱한 인물로 묘사했다. 전쟁에서 패배한 국가의 대표를 고작 금융거래에 실패한 희생자에 비유한 것은 언뜻 보기에는 부적절한 비유처럼 보인다.

하지만 이 회고록은 1931년 여름에 쓰였다. 당시는 대공황의 경기 침체기였을 뿐만 아니라, 케인스의 제자 한 명이 죽은 때였다. 그 제자에 대한 기억은 케인스의 마음속에서 생생하게 남아 있었다.

그는 국민상호생명보험의 동료 이사였던 시드니 러셀 쿠크였다. 케인스의 평가에 따르면 총명하고도 매력 있는 성품을 지닌 그는 주식투자 실패로 스스로 목숨을 끊었다. 케인스는 이 사건으로 인해 돈의 세계에서 상황이 뒤바뀌게 되면 야성적 충동에 감염돼 허약해진 많은 사람들의 엄청난 희생이 뒤따른다는 것을 알게 되었다.

케인스는 가치투자 원칙을 금과옥조 삼아 자신의 재산을 회복하였다. 케인스는 시장의 출렁임이 잦아든 뒤, 현명한 투자자는 야성적 충동의 주기적 습격과 주가 급변의 소용돌이를 견뎌내기 위해 가능한 한 '담대한 침착성과 인내'가 필요하다는 결론을 얻었다. 시장의 유동성과 그 부수물인 지속적인 호가 변동은 양날의 칼과도 같다. 이 때문에 투자자는 시장에 쉽게 드나들며 위험을 부담할 용의를 갖게 된다. 하지만 주가가 시시각각 변화하면 주식시장 참여자들 사이에는 단기적 사고방식이 촉진될 수 있다. 케인스는 이 점을 경계했다.

🌿 주식에 대한 태도가 날마다 변하는 주가에 따라 혼란스러워지거나 균형감각을 상실하지 않도록 스스로 관리해야 한다. 일부 학교의 투자 담당자들은 호가가 없거나 시장성이 없는 부동산 등의 투자 자산을 태연히 사들인다. 그런데 회계감사를 받을 때마다 이에 대해 즉시 현금화 가능한 처분 가격을 고시해야 한다면, 이들의 머리는 반백이 되어버릴 것이다.

케인스는 현명한 투자자는 주가가 상당 기간 내재가치에서 이탈할 수 있다는 점을 받아들여야 '균형감각'을 유지할 수 있다고 주장했다. 현명한 투자자는 끊임없는 주가 변동에, 쉴 틈 없이 매수 또는 매도를 종용하는 미스터 마켓의 기세에 압도당하지 않는다. 단련된 투자자는 주가가 내재가치와 어긋나 있는 주식을 찾아내는 데 모든 분석을 집중하며, 장기적인 투자 지평만을 생각한다. 주식시장이 결국에는 미래 현금흐름의 기대치를 반영하는 본연의 역할로 돌아갈 것이며, 결국에는 지속 가능한 이익 추이를 나타내는 기업에 보상을 안겨줄 것이라고 자신하기 때문이다. 케인스의 한 동료가 케인스식대로 말한 바에 따르면 가치투자자는 이성과 상식에 근거한 정책이 옳다는 확고한 신념을 지켜나가야 한다.

너 스스로 하라

벤저민 그레이엄은 이익에 비해 저평가된 채 방치된 주식을 사들이는 것은 진을 빼는 일이자, 인내심을 시험하는 일이라고 말했다. 또 가치투자자는 순응주의를 부추기고 단기적으로 사고하게 만드는 강력한 사회적 힘에 맞서야 한다. 단련되지 않은 투자자들에게 장기적인 투자에 대한 매력을 도외시하게 만드는 것은 주가의 끊임없는 변화 때문만은 아니다. 주식시장 참여자들은 높은 회전율을 좋아하는 기관투자자들과도 맞서 싸워야 한다. 시장이 활황일 때 주식 중개인과 펀드 매니저들의 기득권은 더욱 견고해진다. 정통적 금융 이론조차도 투기꾼들과 공모해 단기적 주가의 움직임을 좇는 편이 장기적 수익의 흐름을 기다리는 쪽보다 훨씬 낫다고 주장한다. 위험을 수익의 변동성이 아닌 가격의 변동성으로 정의함으로써 말이다.

　가치투자자들은 이런 것들에 흔들리지 않는다. 오히려 주식시장이란 투자자를 가르치려는 곳이 아니라, 투자자의 주문을 받는 곳이라는 점을 알고 있다. 주식시장이 또 한 번 하락하고 난 1930년대 초반 암흑기에 케인스는 이렇게 말했다.

> 🌿 나는 여기에서 다음과 같은 결론을 끌어내지 않는다. 책임 있는 투자 주체가 매주 자신의 주식 목록을 공포감 어린 눈길로 바라봐야 한다는 결론을, 그리고 또 다른 희생자를 곰(약세장)에게 던져줄 것이라는 결론을 말이다.

케인스와 같은 가치투자자는 대중에게서 지침을 얻으려 하기보다는 자신만의 독자적 분석에 의존한다. 가치투자자는 케인스처럼 연속성 있는 전략을 실행하고자 한다. 그것은 주가가 내재가치 대비 크게 빗나갈 때만 주식을 거래하도록 제한하는 전략이다.

가치투자자에게 주가가 의미 있는 것은 내재가치의 평가치에 대한 비교 기준이 되어, 충분한 안전마진이 확보됐는지 확인할 수 있도록 해주기 때문이다. 투자자가 시장에 참여하는 시점은 이렇게 안전마진이 확보된 때이다. 하지만 과거의 주가 패턴이 투자 결정에 영향을 미쳐서는 안 된다. 이에 대해 케인스는 이렇게 말했다.

> 🌿 내가 보기에 가장 중요한 것은 자신이 오랫동안 보유해온 주식

에 대해 지나치게 걱정하지 않는 것이다. 그러려면 시장의 움직임에 너무 예민하게 반응해서는 안 된다. 물론 그런 것들을 무시하는 것도 어리석지만, 사람들은 지나치게 그런 것에 영향을 받는 경향이 있다.

위기 때 돈이 약한 자에게서 강한 자에게로 흐르는 것은 시장의 자명한 이치다. 따라서 "단련된 투자자는 안달복달하지 않고 느긋하게 주식을 보유하는 성품을 길러야 한다"고 찰리 멍거는 조언한다.

망설이지 않고 달려들기

케인스와 교활한 포크가 합작해서 세운 최초의 투자 관련 벤처회사 가운데 하나는 P.R. 파이낸스 컴퍼니였다. 1923년에 세워진 이 회사는 주로 상품 투기에 몰두했다. 회사명은 고대 그리스어 잠언인 "pantarei ouden menei모든 것은 흐르며, 머물러 있는 것은 아무것도 없다"에서 이니셜을 딴 것이다. 어쩌면 상품시장의 변덕스러운 속성에 일종의 경의를 표하는 이름이라고 할 수 있다.

주식시장에서 모든 것은 흘러가게 마련이다. 기업에 영향을 미치는 조건이 변할 때마다 주가는 날뛰고, 주식의 내재가치도 달라진다. 따라서 가치투자자가 장기적인 투자 지평을 중요하게 여긴다고 해도 항상 경계심을 늦추어서는 안 된다. 즉 주가 대비 가치의 변화에 늘 촉각을 곤두세워야 할 의무에서 벗어나서는 안 된다.

'조용히 하기' 투자 전략(주가와 그 내재가치 사이에 상당한 차이가 생길 경우에만 투자하는 전략)이란 절대로 방관적이고, 수동적인 투자 방식이 아니다. 케인스는 국민상호생명보험 사장으로서 투자자가 저질러 놓고 잊어버리는 투자 전략을 취해서는 안 된다고 거듭 강조했다.

> ❧ 자신이 보유한 주식에 대해 고집스런 태도를 유지하는 사람들이 있다. 사실과 환경이 변했어도 쉽게 의견을 바꾸려 들지 않는 이런 수동적 투자자들은 장기적으로 쓰라린 손실을 맛보게 될 사람들이다.

케인스는 "가치투자자란 항상 경계심을 늦추지 않고, 이전에 확신했던 생각을 지속적으로 재점검하며, 외부 상황의 변화에 끊임없이 반응해야 한다"고 주장했다. 주식투자에 성공하려면 영원히 경계심을 늦추어서는 안 된다는 점을 암시한 것이다.

현명한 투자자는 자신의 능력 범위 안에 있는 주식에만 집중한다. 그렇기 때문에 관련 주식의 변화에 대해서만큼은 광범위한 분야의 주식에 초점을 맞추는 시장 참여자보다 훨씬 더 잘 알게 된다. 또 가치투자자는 상대적으로 적은 종류의 주식들만을 후보로 선별해 투자 대상을 정하기 때문에, 어떤 주식의 장점을 판단하여 결단력 있게 행동하기에 더 유리한 위치에 있게 된다. 케인스가 킹스칼리지의 체스트 펀드를 관리하는 방법을 관찰한 한 동료는 이렇게 말했다.

🌿 킹스가 위대한 점은 훌륭한 기회가 그들 앞에 나타날 때 그들은 "망설이지 않고 달려든다"는 것이다. 이들 전략의 특징이라고 할 결정의 신속성은 케인스 덕분이다.

국민상호생명보험의 동료 이사 가운데 한 명인 니콜라스 데이븐 포트는 케인스가 주식시장에서 성공한 것이 "다른 사람들을 총으로 제압한 덕분이다"라고 말했다. 또한 "주식거래라는 경주에서 그렇게 빨리 스타트를 끊는 사람을 본 적이 없다"고 덧붙였다. 올바른 가치투자는 지루한 흐름이 계속되는 경우가 대부분이다. 하지만 이따금씩 강렬한 활동이 나타나 맥을 끊곤 한다는 점에서 케인스가 매우 사랑했던 크리켓 게임과도 다르지 않다.

빚을 진다는 것은
이미 절반은 졌다는 것

시장이 끓어오르던 1920년대 말만 해도 케인스는 아직 모멘텀 투자 신조에 사로잡혀 있었다. 그는 다른 사람들이 주가가 어떻게 될 것이라고 예상하는지에 대해 알아내기 위해 수시로 시장에 드나들곤 했다. 이 때만 해도 그의 투자 포트폴리오 절반 이상은 빚으로 충당되어 있었다. 그는 빌린 돈으로 금융거래를 하면 레버리지 효과(차입 자본을 이용해 투자수익성을 극대화하는 효과-옮긴이)를 누릴 수 있을 것이라고 생각했다. 즉 돈을 빌려 화폐, 상품, 주식시장 등에 투자해 맞아떨어질 경우 자본이득을 몇 배로 불릴 수 있다고 생각했다.

이 기간 동안 케인스는 이따금씩 성공을 맛보기도 했다. 하지만 어빙 피셔나 벤저민 그레이엄 그리고 그 밖에 대호황의 기간 동안 대출을 끌어다 시장에 뛰어든 수많은 사람들처럼 레버리지는 반대 방향으로 작용하다는 사실을 알게 됐다.

극단적인 예를 들어보자. 투자자가 자기 돈 10%만 가지고 주식을 산다면, 즉 매수 가격의 90%가 부채로 이뤄져 있다면 주가가 10% 오를 때 투자가의 종잣돈은 2배가 된다. 하지만 잠재적 기대수익률이 높아질수록 위험의 크기도 커진다. 주가가 10% 떨어지면 투자자의 주머니에서 나온 돈은 완전히 사라져버리게 된다. 시장 상승기에는 레버리지가 효력을 발휘하겠지만, 시장이 하락할 때에는 파국적인 결과를 초래할 수도 있다.

마진론(매수자가 주가의 일정 부분에 대해서만 증거금을 내면 중개업자가 주식을 담보로 그 나머지 대금을 빌려주는 대출의 한 형태-옮긴이)이나 다른 종류의 신용은 많은 투기꾼들이 연장통 속에 꼭 챙겨서 넣고 다니는 도구이다. 때때로 그들은 아주 적은 증거금만으로 투자에 참여하며, 돈을 빌려 증시라는 내기판에서 베팅하여 자기 판돈을 키우기도 한다. 이런 투기적 참여자들에게 레버리지 효과는 수익률을 극대화할 기회를 안겨준다.

또 한편으로는 '유동성'으로 인해 시장이 지나치게 가열된다고 해도 화재에서 대피할 안전한 탈출구가 있을 것이라는 환상을 심어준다. 하지만 화재 대피 탈출구는 모두가 동시에 문을 향해 달려들 때 제대로 작동하지 않을 수 있다는 문제점을 가지고 있다. 시장의 기류가 변화하는 조짐을 미리 알 수 있다고 믿다가 시장이 갑자기 돌아설 때 뒤통수를 맞을 수 있다.

경험적 증거에 따르면 대체로 우리는 지난 세기 시장의 거대한 '조정' 가운데 일부를 설명할 수 있는 단독적인 요인, 즉 1929년 10월 대공황, 1987년 검은 월요일, 2000년 3월 닷컴 버블 붕괴의 요인에 대해 알아내지 못했다. 신용투자 비중이 높은 투자자, 즉 자신의 실제 보유 자본을 훨씬 초과하는 돈을 시장에 투자해온 사람들은 감당할 수 없는 금융 채무에 맞닥뜨려야 했다. 워런 버핏은 이에 대해 다음과 같이 냉정하게 말했다. "썰물 때가 되어서야 누가 발가벗고 수영하고 있는지를 알게 된다."

주가가 장기적으로는 내재가치에 걸맞은 수준까지 오를 것이라는 기대에 근거해 주식을 사들이는 가치투자자는 특히 자금을 빌리는 문제에 있어서 제약을 받는다. 케인스의 관측에 따르면 시장은 투기적 시장 참여자들의 지불 능력이 버텨낼 수 있는 기간보다 더 오랫동안 비이성적이 될 수 있다.

앨런 그리스펀이 그 유명한 '이상과열'을 경고한 이후 3년이 더 지나서야 마침내 닷컴 버블이 붕괴됐다. 따라서 가치투자자들은 저울로 주식시장의 투표계산기를 압도하기까지 상당 기간이 될 수도 있는 시간을 기다릴 준비가 되어 있어야 한다. 케인스는 이에 대해 다음과 같이 결론 내렸다.

🌿 가까운 미래에 주가 등락을 무시하려는 투자자는 자원을 많이

가지고 있을수록 더 안전해지며, 어떤 경우에도 빌린 돈으로 대규모의 움직임을 일으켜서는 안 된다.

1920년대 및 1930년대 초 빚 중독이라 할 만한 상황을 겪은 이후 케인스는 투자 후반기에 빌린 돈의 규모를 크게 줄였다. 말년에는 그의 자산에서 빚이 차지하는 비중이 10%에 불과했다. 버크셔 해서웨이 역시 이런 금융 보수주의를 되풀이해서 보여주고 있다. 찰리 멍거는 "신용으로 주식에 투자하는 일에는 겁쟁이가 된다"고 말한 바 있다. 그는 "이상적인 것은 일시적인 문제가 생겼을 때 괴롭힘을 당하지 않을 정도만큼만 빌려 쓰는 것이다"라고 지적했다.

마인드 컨트롤

가치투자자들은 투자 의사결정을 내릴 때 감정에 좌우되지 않는 틀을
갖추고 있어야 한다. 이는 야성적 충동과 단기 실적주의의 교활한 효과
를 차단하기 위해서다.

> 🌿 투자란 아이큐 160짜리가 아이큐 130짜리를 거꾸러뜨리는 게
> 임이 아니다. 보통의 지능을 가지고 있다는 전제하에서 필요한
> 것은 투자에 있어서 다른 사람들을 곤란에 빠뜨리게 하는 충동
> 을 제어할 수 있는 기질이다.

워런 버핏은 "올바른 기질이란 시장에 소용돌이치는 전염성 강한 감
정으로부터 사고와 행동을 분리시킬 줄 아는 능력과 훌륭한 사업적 판
단력이 합쳐진 것이다"라고 말했다. 올바른 기질을 키우려면 투자자는

주가와 내재가치라는 2가지 변수에만 집중할 필요가 있다.

현명한 투자자는 시장이 항상 정확한 주가를 형성하는 능력을 가졌다는 점에는 회의적이지만, 그럼에도 적절하게 겸허한 전망을 유지한다. 이런 투자자는 시장의 가격 결정이 대체로 효율적으로 이뤄진다는 점을 수긍하지만, 그럼에도 확고하게 자기 능력 범위 안에만 머무른다. 마찬가지로 이런 투자자는 과신에 사로잡히지도 않는다. 아담 스미스는 『국부론』에서 다음과 같이 말했다.

🌿 인류 대부분은 지나친 자신감을 가지고 있다. 그리고 자신에게는 행운이 찾아올 거라는 불합리한 억측을 어느 정도 공유하고 있다. 즉 어느 정도는 이익이 생길 가능성을 과대평가하며, 대부분 손실의 가능성은 과소평가한다.

아담 스미스의 통찰은 경험적 증거로도 증명된다. 사람들은 흔히 자신의 재주를 과대평가한다(한 조사에서 응답자 가운데 절반이 훨씬 넘는 사람들이 자신이 운전을 평균 이상으로 잘한다고 생각했다). 그러면서 사람들은 미래에 일어날 일들에 대해 지나치게 낙관적인 견해를 품는다(이 역시 조사에 따르면 게임 쇼 참가자들의 대부분이 자신의 성공 가능성을 과대평가하는 것으로 나타났다).

이성에 근거한 전략

투자의 행동에 영향을 줄 수 있는 인지적 편향에는 과신과 지나친 낙관주의 이외에 다른 것들도 있다. 그중 가장 중요한 것은 '보유 효과'이다. 이는 사람들이 자기 재산에 '소유 프리미엄'을 얹어 바라보는 경향을 말한다. 경제학자 리처드 탈러는 이와 관련된 간단한 실험을 했다. 실험에 의하면 어떤 사람에게 자신이 가지고 있는 물건(실험에서는 커피 머그잔)에 대해 가격을 매기게 했더니 그 호가 평균이 가지고 있지 않은 등가 물건의 호가보다 2배 이상 높았다. 이 실험에서 알 수 있듯 이 사람들은 이미 가지고 있는 것을 포기하는 대가로 동일한 것을 획득할 때 지불할 의사가 있는 액수보다 훨씬 더 많은 금액을 요구하는 경향이 있다.

마찬가지로 주식투자자들 역시 자기 주식에 단순히 돈 이상의 것을 투자하고 있다고 생각한다. 좋은 실적주를 보유한 투자자는 긍정적인 감정의 연상 효과에 의해 주가가 내재가치를 훨씬 추월했을 때라도 그

'애호주'를 팔고 싶어 하지 않는다. 반대로 성급한 투자자들은 미래 전망이 어떻든지 간에, 마치 증거를 인멸하려는 범죄자처럼 서둘러 당장 실적이 좋지 않은 주식을 팔아치운다.

행동 경제학자들에 따르면 손실은 이익보다 2배 이상의 감정적 충격으로 인식된다고 한다. 이를 감안하면 가장 가능성이 큰 시나리오는 일부 주식 보유자들이 회복 전망이 거의 보이지 않는 실적 나쁜 주식을 팔지 못해 붙들고 있는 경우이다. 이런 주식을 팔아버리면 손실을 확정 짓는 동시에, 자신들의 투자 판단이 잘못됐다는 것을 공언하는 셈이 되기 때문이다.

현명한 투자자는 이런 상황에 빠져들지 않으며, 워런 버핏이 말한 "주식은 자신의 소유주를 모른다"라는 말을 잊지 않는다. 가치투자자는 미래의 기대 현금흐름에 근거한 주식의 추정 가치만을 중요하게 여기며, 최초의 매수 가격에 집착하지 않는다. 가치투자자가 특정한 숫자에 집착한다면, 그 숫자는 역사적 가격이 아니라 미래 수익의 예측치일 것이다.

매수, 매도 및 보유 결정을 내릴 때는 야성적 충동이나 감정과는 동떨어진 '이성에 근거한 전략'이 필요하다. 가치투자자는 흔들림 없이 기업의 경제적 상황에만 집중한다. 그들은 불안이 아닌 안심을 분석하는 사람들이기 때문이다.

교만은 실패의 지름길

심리의 변덕을 잘 알고 있는 가치투자자들은 워런 버핏이 말한 소위 '감
정적 단련'에 몰두하고, 넓은 안전마진을 보여주는 주식에만 투자하면
서 자신의 능력 범위 안에서만 부지런히 움직인다. 한 인터뷰에서 워
런 버핏은 투자를 '다른 모든 사람들이 술에 취해 흥청거리는 대형 카지
노'에 와 있는 것에 비유했다. 현명한 투자자가 펩시(또는 그에 상응하는
자신만의 선호 음료, 예를 들면 코카콜라) 등에만 몰두하고 있다면 그는 잘
헤쳐 나갈 것이다. 찰리 멍거 역시 버크셔 해서웨이의 자회사인 웨스코
파이낸셜 주주들에게 보내는 편지에서 같은 점을 지적하며 이렇게 말
했다.

🌿 현명한 투자자가 아닌 어리석지 않은 투자자가 되기 위해 지속
적으로 노력하는 것만으로도 우리는 장기적으로 상당한 이로

움을 맛볼 수 있다. "물에 빠져 죽는 사람은 수영을 잘하는 사람들이다"라는 속담 속의 지혜를 음미해볼 필요가 있다.

중시에서 성공하려면 지능만으로 부족하다. 단련된 투자자는 확고하고 객관적인 투자 의사결정의 틀과 케인스가 말한 '담대한 인내와 용기'를 보여주는 기질을 갖고 있어야 한다. 같은 맥락에서 벤저민 그레이엄도 "투자자에게 있어 가장 중요한 문제, 더 나아가 최악의 적은 그 자신일 가능성이 크다"라고 말했다. 즉 성공적인 주식시장 참여자가 되려면 적절한 지능과 가치투자 원칙에 대한 이해뿐만 아니라 '확고한 성정'이라는 보다 중요한 기질을 갖춰야 한다.

머리로 투자하라

경제 이론을 통해 돈이 최고라고 확언했던 케인스는 실제 생활에서는 이를 매우 하찮게 여겼다. 케인스에게 돈이란 목표를 위한 수단, 인생에서 성공의 기회를 얻기 위한 통행증에 지나지 않았다. 돈벌이에 대해 이렇게 이중적이고 공리주의적인 태도를 가진 덕분에 케인스는 주식투자도 냉정하게 사업가적 태도로 접근할 수 있었다.

케인스는 주식투자에 성공하려면 가장 탐욕스러운 매수자와 신경과민인 매도자가 주도하는 주가의 지속적인 등락에 한눈을 팔아서는 안 된다는 점을 일깨워주었다. 투자자라면 '중용의 감각'을 개발해야 한다. 즉 시장이 단기적으로는 어지럽게 흔들려도 장기적으로 지속 가능한 수익성을 갖춘 주식을 찾아낸다면 이를 보상할 것이라는 확신을 가져야 한다.

케인스는 현명한 투자자라면 때로 몰려다니는 대중의 관점에 영향을 받지 않고, 독립적으로 생각해야 한다고 충고했다. 주식을 골라내는 일에 단련돼 있는 투자자라면 지속적인 주가의 등락에 현혹되어서는 안 된다. 지나치게 많이 움직이는 것과 수동적으로 둔감하게 움직이는 것 사이에서 절충점을 찾아야 한다. 시장은 채권자의 원리금 상환 일정이나 채권의 만기일, 중개인이 요구하는 증거금도 고려하지 않는다. 따라서 현명한 투자자는 지나친 대출이나 투기에 의존해 운명의 인질이 되어서는 안 된다.

케인스나 워런 버핏의 투자 방법이 쉬워 보일지 모른다. 하지만 이런 단순한 접근법은 사람을 흔들리게 만들기도 한다. 투자자는 시장의 양극단적 경향에 영향 받지 않은 채 진득할 수 있어야 하며, 야성적 충동이라는 병원균에 감염되지 않도록 주의해야 한다.

케인스의 한 동료는 투자에 성공하기 위해서는 '논리보다는 기질'이 필요하다고 말했다. 워런 버핏은 "감각이 아니라 머리로 투자해야 한다"라고 말했다. 내재가치나 안전제일 개념에 대한 지식을 갖추고, 투표계산기이자 저울이기도 한 주식시장의 이중성을 잘 알고 있는 현명한 투자자라면 성공적인 투자에 걸맞은 기질을 키워나가는 데 훨씬 더 유리한 위치에 서게 될 것이다.

STOCK
6

가치투자를
증명하다

케인스의 사후점검

케인스의 주식투자에 대한 견해가 주류가 되기까지는 많은 시간이 걸렸다. 종전의 금융 이론가들은 모든 주식의 가치에는 차이가 없으며 투자자에게는 분산투자가 가장 신중한 정책이라고 말하였다. 그리고 최근까지도 현대적 금융시장이 주가를 결정하는 효율적 기구라는 주장을 끈질기게 유지해왔다.

경제학에 심리학적 통찰을 결합한 '행동 경제학'이 출현하고 난 후에야 모든 인간이 한 치의 오차도 없이 합리적이며 전지전능한 식견으로 투자한다는 고전주의 경제학의 세계가 마침내 무너져 내렸다. 다시 한 번 케인스의 『고용, 이자 및 화폐의 일반이론』은 지적 혁명의 선구자라는 점이 증명되었다.

하지만 원리란 실제로 효과가 있을 때만 유효한 것이다. 케인스라면 아마 의심의 여지없이 이 점에 동의할 것이다. 케인스는 어떤 사실이

타당하다면 그에 따라 거침없이 마음을 바꿀 준비가 되어 있는 인물이었다. 때로는 그의 호적수였다가 때로는 동맹자이기도 했던 윈스턴 처칠처럼 케인스는 한 번 내뱉은 말을 취소하는 일을 절대 두려워하지 않았다.

실용주의자였던 케인스는 해마다 자신의 투자 성과를 분석했다. 케인스는 일부는 자신의 주식시장 경험을 다른 투자자의 경험과 비교해 보기 위해, 그리고 일부는 교훈을 얻기 위해 '사후점검'이라고 부른 작업을 수행했다. 이 작업은 만족스러운 결과가 어디에서 나오는지 뿐만 아니라, 보다 중요하게는 성과가 어느 지점에서 개선될 수 있는지를 찾아내는 데 유용하였다.

따라서 케인스의 주식시장 경험을 살펴보면 이 책의 마지막 부분은 그의 투자 신조를 대략적으로 살펴보고, 그의 주식시장 성과를 평가하는 내용으로 구성될 것이다.

미스터 마켓과 현명한 투자자

벤저민 그레이엄은 비이성적 주식시장을 의인화해 미스터 마켓이란 인물로 구체화했다. 그의 제자인 워런 버핏은 이 미스터 마켓의 성격을 다음과 같이 간결하게 정리했다.

🌿 미스터 마켓은 불치의 정서적 문제를 안고 있다. 그는 때때로 도취감에 젖어 기업에 영향을 미치는 요인 가운데 우호적인 부분만을 보곤 한다. 그가 도취감에 젖어 있을 때에는 매도·매수 가격을 매우 비싸게 부른다. 여러분이 그의 주식을 잡아채 가서 수익을 앗아갈까 두려워하기 때문이다. 또 어떤 때 그는 의기소침해져 앞으로 기업은 물론 세상에 문제밖에 일어날 게 없다고 본다. 이럴 때 그는 가격을 매우 낮게 부른다. 여러분이 여러분의 주식을 자신에게 떠안길까 봐 겁을 먹기 때문이다.

미스터 마켓은 이상 성격이 복잡하게 뒤얽혀 있다. 그는 '비이성적 심리의 주기적 파동'에 영향을 받으며, 번갈아 일어나는 조증과 울증의 발작에 고통 받는다. 미스터 마켓은 장기적 시각을 가질 수 없도록 태어난 근시안적 캐릭터인 미스터 머구(동명 만화 및 영화의 주인공으로 지독한 근시안적 캐릭터-옮긴이)로 변형되어 나타난다. 미스터 머구는 정신과 육체가 밀접하게 상관관계를 맺고 있는 인물이다. 그의 심리에 일어나는 동요는 주식시장에서뿐만 아니라 실물 경제에도 영향을 미치게 된다.

계약법에 따르면 일반적으로 정신이상을 가진 개인들 사이의 계약에는 강제력이 없다. 하지만 먹느냐 먹히느냐의 문제인 주식시장에서 투자자는 타인들이 주기적으로 광기에 빠질 때 이를 얼마든지 이용할 수 있다. 현명한 투자자는 미스터 마켓이 쉴 새 없이 투덜거릴 때마다 일어나는 단기적인 주가의 부침에 영향을 받기보다 기업의 내재가치에 집중한다. 투기에 반대되는 모든 진정한 투자란 내재가치의 평가를 포함하기 때문이다.

가치투자자는 주가란 일시적인 것이며, 밀고 당기는 의견과 감정의 스냅 사진 같은 것이란 사실을 알고 있다. 그들은 미스터 마켓이 부르는 가격을 그저 시장에 진입하거나, 빠져나갈 수 있는 여러 지점들 가운데 하나로 본다.

주식을 고르는 데 이골이 난 사람들에게 주가 동향과 시장의 유행이란 관심의 대상이 되지 못한다. 그보다 투자자는 투자 의사결정 과정에 자신의 독자적 분석을 적용한다. 현명한 투자자는 가치를 보고 주식을 사들이며, 다른 사람들의 실수를 이용한다. 이런 사람들에게 주식이란 단순히 차트 위의 기록이 아니라, 실제 제품과 서비스를 생산하는 실체다. 워런 버핏은 버크셔 해서웨이 연례회의에서 코카콜라를 마시고, 버크셔 해서웨이 소유의 보석 가게에서 할인 서비스를 제공한다. 그리고 회사의 사탕가게를 판촉하면서 자신의 지분에 대해 매우 구체적으로 설명한다.

가치투자자는 기업의 속성, 특히 미래 수익에 초점을 맞춘다. 그리고 미스터 마켓이 반복되어 일어나는 조증과 울증 사이에서 시달릴 때 가치투자자들은 주가가 엄청나게 왜곡된 사냥감을 조심스럽게 찾아 나선다.

케인스의 가치투자관

주식시장에서 케인스가 경험한 것은 한 편의 교훈극(교훈과 도덕적 가르침을 목표로 한 중세 후기의 연극 양식-옮긴이)처럼 보인다. 야심에 찬 한 청년이 오만이라는 고전적 죄로 인해 맹렬히 부를 추구하던 과정에서 모든 것을 잃는다. 겸손해진 우리의 주인공은 이제 경험을 통해 보다 지혜롭게 단장한다. 그리고 자신의 괄목할 만한 지성을 적용하여 증시에서 성공하기 위한 단 하나, 진실한 길이라고 믿는 바를 찾아낸다.

 "장기적으로는 우리는 모두 죽는다"고 말한 케인스였지만, 아이러니하게도 가치투자자라는 새로운 외투로 바꿔 입은 뒤에는 고집스레 단기적인 관점만을 취하는 시장을 어느 누구보다도 경멸하게 되었다. 말년에 케인스는 단기적 흐름과 사건 너머를 내다보며 주식의 장기적 수익 잠재력에 집중하고 자신의 '애호 주식'을 확실하게 보유했다.

 가치투자란 주가와 미래 수익의 합리적 측정치 사이에 커다란 차이가 있는 주식을 찾아내는 일이다. 투자자는 널리 퍼진 군중 심리의 흐름에 맞서 싸워야 한다. 가치투자자는 장기적 투자 지평을 선호하며 하루살이처럼 끝없이 변화하는 주가가 수익력이라는 현실과 화해할 날을 기꺼이 기다려준다. 케인스가 말한 가치투자의 또 다른 신조는 포트폴리오 집중 전략이다. 즉 계란을 몇 개의 바구니에만 나눠 담는 것이다. 워런 버핏은 이 전략을 실행에 옮겼지만, 벤저민 그레이엄은 택하지 않았던 전략이다.

케인스는 1938년 킹스칼리지 재단위원회에 보낸 편지에 자신의 주식투자 철학을 간결하게 요약했다.

케인스의 주식투자 철학

1. 향후 몇 년 동안 실현될 것으로 보이는 잠재적인 실질 내재가치에 비해, 또한 해당 시점의 투자 대안들과 비교했을 때 값이 싼 몇 가지 투자 대상(또는 투자 유형)을 조심스레 선별하는 것이다.

2. 이 투자 대상을 상당히 큰 규모로 매수한 뒤 이것들을 미래에 대한 약속이 실현되거나 또는 실수로 매수했다는 것이 명백해질 때까지 비가 오나 눈이 오나 변함없이 들고 있는 것이다.

3. 균형 잡힌 투자 포지션, 즉 상당히 많은 양의 개별 주식을 보유하면서도 다양한 위험, 가능하다면 반대의 위험까지 보유하는 것이다(예를 들어 주가가 출렁일 때 반대 방향으로 움직일 가능성이 큰 금 관련 지분을 다른 주식과 함께 보유

하는 것).

결국 케인스는 일종의 주식시장의 유술(柔術, 일본의 전통 무술로 유도의 원형-옮긴이)을 제안한 셈이다. 케인스는 단련된 투자자라면 변덕스런 군중을 앞서나가며 주식시장이 상승장일지 하락장일지를 점치려 하기보다는, 비이성적 시장의 에너지를 자기편이 되도록 만드는 것이 훨씬 나은 접근법이라고 주장했다.

가치투자자는 감정의 널뛰기에 사로잡혀 주가의 극심한 변동에 한몫하기보다는 거칠게 날뛰는 시장에서 한 발짝 떨어져 시장이 균형을 잃고 넘어지기를 기다린다. 주식시장에서 과열이나 비관주의 탓에 '미인주'나 '그랜드 슬램'이 내동댕이쳐질 때에도 능력 범위 안에서만 투자한다. 안전마진이 클수록 좋다는 점을 아는 현명한 투자자는 결단력 있게 행동에 나서며, 상대적으로 큰 자본을 투입한다.

케인스의 6가지 투자 원칙

케인스에게 주식시장 활동은 풍요로운 인생의 한 측면일 뿐이었다. 〈뉴욕타임스〉가 케인스 부고 기사에서도 언급했듯이, 그는 경제학자이 자 정치가로서 돋보이는 성과를 거뒀다. 또한 다른 분야에서도 놀랄 만 큼 광범위한 관심을 이끌어냈다.

🌿 그는 손꼽히는 의회 연설가이자 역사학자였고 음악, 드라마, 발 레의 애호가였다. 케임브리지 대학에 있을 때는 예술극장을 건 립하기도 했다. 자신이 좋은 극장에 가고 싶었기 때문이다. 성 공적인 농부이기도 했던 그는 목초 사육법의 개발에도 전문가 였다.

광범위하고 다양한 지식 기반과 관습을 거부하는 대범함을 갖춘 덕분에 케인스는 자신에게 큰 부를 안겨줬다. 그뿐만 아니라 대중에게 주식에 대한 아이디어를 제공해준 투자 원칙들을 세웠다.

세계적으로 성공한 투자자들이 받아들여 온 케인스의 6가지 핵심 투자 원칙에 따르면 가치투자자는 다음과 같아야 한다.

케인스가 말하는 가치투자자의 태도

1. 시장의 추세를 점치려고 하기보다는 특정 주식의 예상수익률로 나타나는 내재가치에 초점을 맞춰야 한다.

2. 매수한 주식에 충분히 큰 안전마진, 즉 주식의 내재가치와 가격에 차이가 존재한다는 것을 확신해야 한다.

3. 주식을 평가할 때는 독자적으로 판단하고 종종 대중을 거스르는 투자 전략도 받아들여야 한다.

4. 매수한 주식은 꾸준히 보유해 거래비용을 제한하고 반복되는 주가의 등락에 스트레스를 받지 않아야 한다.

5. 자본 가운데 상대적으로 큰 부분을 주식시장의 '미인주'에 투자하는 포트폴리오 집중 전략을 취해야 한다.

6. 결단력 있는 행동, 평정심과 인내 사이에 균형을 취할 수 있는 기질을 가져야 한다.

케인스의 투자 원칙은 특히 현대 금융 이론의 정교한 수학과 복잡한

개념에 비하면 단순하며, 한눈에 보기에는 그저 상식을 적용한 것 정도로밖에 보이지 않는다.

가치투자자는 '베타'나 '자본 자산 가격결정모형', '최적 포트폴리오' 등 심오한 학문적 비밀에 의존하지 않는다. 차라리 2가지 변수에 초점을 맞춘다. 바로 '가격'과 '내재가치'이다. 워런 버핏의 말을 빌리자면 "이것은 신학교에서 8년을 보냈는데 누군가 당신에게 가장 중요한 것은 모세의 십계명이라고 말하는 것과 같다"는 식이다.

케인스는 사람을 함정에 빠뜨리고, '정신의 구석구석으로 가지를 뻗는' 사회적 인습의 힘에 대해 잘 알고 있었다. 최근 들어 행동 경제학 같은 새로운 분야가 유입됐음에도 불구하고 정통 이론은 시장이 대체적으로 효율적이라고 고집스럽게 주장한다. 이렇게 말할 때 워런 버핏은 체념하는 기색이 역력하다.

> 🌾 선박은 지구를 돌며 항해하는데 지구가 평평하다고 믿는 무리들은 여전히 차고 넘친다.

하지만 케인스나 워런 버핏 같은 가치투자자가 계속 성공하고 있다는 점은 기존의 생각들이 부적절하다는 것을 증명하는 가장 효력 있는 진술이 될 것이다.

케인스의 투자 성과

보다 넓은 세상에 대한 케인스의 폭넓은 관심은 금융 분야에서도 마찬가지였다. 그는 자기 돈으로, 또는 상당한 권한을 행사할 수 있는 대학의 투자 담당관이나 투자 결정에 미치는 영향력이 상대적으로 작은 이사회 멤버 등 다양한 자격으로 투자 업무에 관여했다. 뿐만 아니라 돈을 버는 과정에서 돼지기름부터 우선주까지 다양한 투자 자산에 손을 댔다. 우리의 관점으로 볼 때 보다 중요한 점은 케인스의 투자 스타일이 대공황을 기점으로 일종의 타이밍 투자에서 가치투자라는 보다 신중한 원칙으로 급격히 변화했다는 것이다.

케인스는 이런 절충적 접근법 위에서 투자에 대한 이론을 폭넓게 펼쳐나갈 수 있었다. 하지만 이런 접근법 때문에 케인스가 주식시장에서 이룬 성과를 평가하기 위해서는 적절한 기준점을 선택하는 것이 더욱 중요해진다. P.R. 파이낸스 등 케인스의 금융 벤처회사 가운데 일부는 주로 통화 및 상품의 투기에 주력했다는 점에서 무시할 수도 있다.

케인스가 투자 자문 또는 이사회 멤버로 제한된 임기만을 지냈다는 점에서 제외할 수 있는 곳들도 있다. 예를 들어 케인스는 교활한 포크와 함께 첫 투자회사인 A.D. 투자신탁을 설립했지만, 1972년 말 이곳을 떠났다. 그가 가치투자자로 변신하기 전이었다. 마찬가지로 케인스는 독립투자회사의 운영에 적극적으로 참여했지만, 1930년대 중반에는 사실상 물러났다. 또 1938년 국민상호생명보험 사장직에서도 사임했다.

어떤 곳에서는 제도적 미비와 완고한 반대 때문에 방해를 받기도 했다. 이튼칼리지의 학장이 케인스에게 보낸 편지에서는 집단 의사결정이 얼마나 낭패스러울 수 있는지에 대해 고스란히 드러난다.

🌿 일반적으로 이사회 회의는 대단히 재미있다. 당신이 탐욕으로 서던 프리퍼드 스톡을 추천하는 것이며, 러벅이 완고한 청교도주의로 이 제안에 맞서는 것 그리고 리들리가 러벅에 동의하면서도 만족을 모르는 가난한 마음 탓에 당신을 편드는 것 등을 듣다 보면 때로는 내기 돈을 걸어야 할 정도다.

'시류를 거스르는 투자'를 선호하는 케인스는 자주 동료 이사진들의 거센 반발에 부딪치게 되었다. 케인스는 기진맥진하여 이렇게 말했다.

"대부분이 옳다고 생각하는 대안을 제안하자니 너무 비싸고, 이례적인 제안은 또 이례적인 문제를 초래한다. 그렇기 때문에 차라리 더 이상 어떤 제안도 하고 싶지 않은 심정이다."

시장을 이긴 사나이

케인스가 주식에만 집중하고 또 어느 정도 상당한 의사결정권을 행사할 수 있었던 투자회사로는 단지 2군데가 있었다.

첫 번째 프로빈셜 보험회사로 케인스가 "가족 기업의 성격을 지녔다"고 말할 정도로 작은 회사였다. 『케인스 선집keynes' collected Writings』의 편집자인 도널드 모그리지는 이렇게 말했다.

🌿 케인스는 1930년 이후 프로빈셜 보험회사 이사로 매우 적극적으로 활동했다. 케인스는 이사회가 월례회의에서 정한 가이드라인 내에서는 투자의 전권을 행사하다시피 했고, 주식의 좋은 점을 회사에 설득하는 데도 성공했다.

케인스는 1938년 프로빈셜 보험회사 이사회에 보낸 편지에 회사가 자신의 지휘 아래 비교의 대상이 되는 시장지수들에게 "따끔한 맛을 보이고 있다"고 만족감을 드러냈다. 하지만 1940년 재무성으로 되돌아간 뒤 이사회에 대한 케인스의 영향력은 감소했다.

두 번째는 케인스의 주식시장 성과를 평가할 만한 최상의 지표라고 할 수 있는 킹스칼리지 체스트 펀드를 꼽을 수 있다. 이 펀드는 주식에 집중한 펀드였을 뿐만 아니라, 케인스 사망 시까지 그의 손 안에서 관리되었다. 1920년 6월 자본금 3만 파운드로 설립된 체스트 펀드는 주식에 투자하도록 허용된 극소수 대학 펀드 가운데 하나였다. 케인스는 이런 자유를 마음껏 활용해 놀라운 성과를 이뤄냈다.

1931년 펀드 자산은 상대적으로 저점을 맴돌았지만, 케인스의 가치투자 접근법이 그 무렵부터 시작됐다는 것을 전제로 1931년을 기준으로 삼아보자. 체스트 펀드는 이때부터 1945년까지 15년 동안 10배로 커졌다. 같은 기간 S&P500지수의 수익률은 사실상 0에 가까웠고, 런던공업지수London industrial index 역시 2배로 뛴 게 고작이었다.

더욱 인상적인 것은 체스트 펀드가 올린 모든 수익이 대학 건물 신·증축이나 대부 자금 상환에 사용되었음에도 불구하고 비교 대상지수 대비 이런 막대한 초과 성과가 나왔다는 점이다. 즉 1920년 3만 파운드에 불과하던 자산가치가 케인스 사망 당시 38만 파운드까지 치솟은 것은 순전히 포트폴리오 자본 이득 덕분이다. 체스트 펀드의 성과에 대한 한 연구에 따르면 펀드가 시장지수보다 변동성은 더 커졌을지 몰라도 성과는 뚜렷한 우위를 보였다는 결론이 도출됐다. 이 연구의 참여자들은 "현대적인 성과 평가 측정 방법으로 봐도 케인스가 시장평균 수익률을 큰 폭으로 뛰어넘은 뛰어난 펀드 매니저라는 점이 입증했다"고 말했다.

잃지 않는 게임

케인스가 주식시장에서 이룬 성과에서는 다음 2가지의 두드러진 경향을 읽을 수 있다. 그의 전기작가인 로버트 스키델스키에 의하면 첫째, 케인스가 투자를 직접 진두지휘할수록 성과가 더욱 좋아졌다는 점과 둘째, 1930년대 초반 이래 투자 성과가 두드러지게 향상됐다는 점이다. 도널드 모그리지는 케인스는 개인적 투자 성과에 대해 이렇게 평가했다.

> 🌿 1920년대 케인스의 투자 성과는 일반적으로 시장평균을 하회한 반면, 1929년 이후(월스트리트와 런던을 별개로 다룰 때)에는 30회기 가운데 21번이나 시장평균을 상회했으며 누적적으로도 시장을 큰 폭으로 뛰어넘었다.

케인스는 이렇게 큰 성공을 거두게 된 것을 '안전제일' 전략 덕분으로 돌렸다. 덕분에 많은 투자 목록들의 가치를 떨어뜨린 '쪽박주'를 피할 수 있었다는 것이다. 프로빈셜 보험회사의 동료에게 보내는 편지에서 케인스는 손실 최소화의 중요성에 대해 이렇게 말했다.

> 🌿 대규모 손실을 입은 경우가 거의 한 건도 없었다. 주가는 심하게 널을 뛰었다. 하지만 주요한 투자들 가운데는 결과적으로 괜찮은 성과를 내지 못한 것이 한 건도 없었다. 따라서 이익은 확실하게 축적되는 반면 이를 상쇄시킬 만한 손실은 거의 없었다. 사실상 우리가 보유한 대부분의 주식은 좋은 성과를 보였다.

케인스의 투자 성과로 확인할 수 있는 점은 성공적인 주식투자란 찰스 엘리스가 책 제목으로도 썼듯이 '패자의 게임'이라는 것이다. 투자자의 핵심 임무는 손실을 피하는 것이다. 그러기 위해서는 능력 범위 안에서 투자해야 하며, 매수하는 주식마다 상당한 안전마진을 확보해야 한다. 벤저민 그레이엄은 자신의 책 『현명한 투자자』에서 이렇게 말했다. "진정으로 어마어마한 손실은 매수자가 주식에 대해 '얼마야?'라고 묻는 것을 잊었을 때 나타나곤 했다."

아쉬움을 남긴 매도 전략

몇몇 논평가들이 케인스의 투자 성과에서 찾아낸 흠집이라면 고평가된 주식을 처분하는 능력이 부족했다는 점이다. 한 학자는 케인스에 대해 "바닥에서는 사지만, 절대 꼭지에서 팔고 나오지 못하는 외팔이 역발상주의자"라고 말했다. 저평가된 주식은 기가 막히게 알아보지만, 고평가된 주식을 던져야 하는 시점에 대해서는 상대적으로 능란하지 못한 투자자라는 것이다. 케인스는 아마도 '애호 주식'을 스스로의 가치투자 원칙에 비춰 지나치게 비싸진 이후에도 끈질기게 보유하려고 하는 자신의 성향을 잘 알고 있었을 것이다. 킹스칼리지에 남긴 사후 문서에서 그는 스스로를 다음과 같이 방어했다.

🌿 시세가 거의 꼭짓점까지 이른 뒤에도 애호 주식을 팔아치우는 데 느린 성향을 가진 사람이 있다. 하지만 되돌아보건대 나

는 이 점 때문에 스스로를 많이 책망하지는 않는다. 너무 빨리 팔아치우는 바람에 훨씬 더 많은 것을 잃기 십상일 테니까 말이다.

일례로 1936년 초 케인스는 국민상호생명보험의 연례회의에서 영국 공업주들의 주가가 매우 높은 이유에 대해 다음과 같이 말했다.

🌿 이는 앞으로 한참 동안 공업 활동은 지금 같은 수준으로 지속될 것이며 그보다 더욱 활발해질 수도 있다는 의미다. 많은 사람들이 실제로 이 점을 믿고 있기보다는 각자가 때맞춰 다른 사람들에게 팔아치울 수 있으리라고 기대하고 있다.

다소 모호한 입장을 보였음에도 불구하고 케인스는 자신의 주식 대부분을 계속 보유했다. 이로 인해 1937년 주식시장이 또 한 번 혹독한 하락을 경험했을 때 포트폴리오 가치가 크게 떨어져 내리는 손실을 감내해야 했다.

케인스가 몇몇 애호 주식을 지나치게 장기 보유한 것은 그가 지나치게 낙관적이기 때문일 수도 있다. 클라이브 벨은 "케인스가 진정으로 균형감 있는 판단력을 지녔다면 그것은 그의 뛰어난 지능만큼이나 건전했을 것이다. 하지만 그는 대책 없는 낙관주의자였다"라고 말했다.

물론 투자자는 누구나 어느 정도는 낙관주의적 성향을 갖고 있다. 그들은 수익을 기대하며, 현재의 소비를 뒤로 미룬 채 미래라는 미지의 땅에 자본을 맡긴다.

워런 버핏은 자신 역시 같은 죄를 지었다고 시인하였다. 그는 인터넷 거품이 붕괴된 뒤 "거품 경제 시기 동안 우리가 보유한 대규모 지분 가운데 일부를 팔아치우지 않는 커다란 실수를 저질렀다"고 고백했다. 케인스와 워런 버핏이 저지른 이런 태만의 오류를 보면서 투자자들은 찰리 멍거가 강조한 다음과 같은 말을 떠올린다. "저평가 주식을 계속 들고 있다면 그 주식이 실질가치에 가까워질 때 지속적으로 바꿔치기해줘야 한다."

케인스의 마지막 후회

1940년 여름 케인스의 인생의 수레바퀴는 온전히 한 바퀴를 돈 듯했다. 1939년 전쟁이 선포되자 케인스는 다시 한 번 재무성으로 돌아왔다. 1942년 7월 그는 "마치 순환주기처럼 나는 지금 유사한 위기 상황을 맞아 유사한 곳에서 유사한 일을 하고 있다"고 러셀 레핑웰에게 탄식했다.

1차 세계대전 당시처럼 영국은 다시 한 번 미국의 발아래 탄원하는 처지가 됐다. 그리고 재무장관으로부터 '자유로운 여행 권한'을 부여받은 케인스가 미국과의 차관협상 임무를 맡게 됐다. 철저한 영국인이면서 개인적으로 엄청난 부를 누리고 있는 남자가 조국을 위해 구걸을 하기 위해 미국으로 파견된 것이다. 이때 케인스의 건강은 악화됐지만, 새로운 책무에 열의를 가지고 당당하게 덤벼들었다.

전후에는 케인스의 역할이 더욱 중요해졌다. 1945년 7월 영국의 불독 윈스턴 처칠을 상대로 노동당이 깜짝 놀랄 압승을 거두자, 미국은 새로 들어선 사회주의 정부에 돈을 주는 것을 더욱 꺼리게 됐다. 상당한 압박감을 받게 된 케인스는 자신의 육신이 망가져간다는 불길한 신호를 던지고 있다고 말했다. 실제로 케인스의 건강은 극도로 악화되고 있었다. 그가 또다시 심장발작을 일으켰다는 뉴스가 보도된 1944년 중반에 일부 독일신문에서는 벌써 그의 부고기사를 싣기도 했다.

마크 트웨인처럼 케인스의 죽음에 대한 보도도 과장되게 부풀려졌다. 하지만 차관협상과 새로운 국제금융기구의 체계화를 위해 6번이나 미국으로 고단한 여행을 다녀오고 난 뒤 케인스는 치명적으로 허약해졌다. 그는 살아생전 자기 손을 거쳐 잉태된 국제 금융 시스템과 자신의 이론이 가져다준 글로벌 경제의 호황은 물론, 자신이 협상한 구국의 차관이 집행되는 것을 보지 못했다.

1946년 5월 2일 대영제국의 웅장한 묘지인 웨스트민스터 사원에서 케인스의 추도회가 열렸다. 리디아와 케인스의 가족과 함께 추도회에 참가한 사람들은 케인스 인생에 매우 다채로운 국면들을 대표하는 사람들이었다. 수상, 영국은행, 이사들, 이튼과 킹스칼리지의 학장과 동료들, 영국 예술위원회 동료들, 과거의 학생들 그리고 생존한 블룸즈버리 그룹 멤버들까지.

금융위기 상황을 피하고 동시에 새로운 국제금융기구를 설립하고자 미국을 쉼 없이 오가며 긴장 속에서 가쁘게 허덕이던 케인스는 결국 부활절 날 세상을 떠났다. 2차 세계대전의 마지막 희생양인 셈이었다. 라이오넬 로빈의 말에 따르면 케인스의 죽음에는 '전쟁터의 여느 병사의 죽음만큼이나 확실한 이유'가 있었다.

케인스의 인생은 한 바퀴 순환을 완료했다. 탕아는 제도권의 한복판으로 되돌아왔다. 그의 세계가 케임브리지 대학 재학 당시나 블룸즈버리 그룹 탄생 당시의 전도양양하고 태평무사하던 시절에서 나왔다는 것을 도저히 알아차릴 수 없을 정도였다. 한때 전 세계 광활한 땅의 4분의 1가량에 장밋빛을 드리웠던 대영제국의 태양은 지고 있었다.

케인스가 첫 공직 경험을 했던 인도청은 아시아 대륙이 영국 통치에서 독립을 선언함에 따라 폐쇄됐다. 그리고 케인스가 죽기 한 달 전 퇴임한 처칠은 미국 순회 연설에서 유럽 대륙에 드리우고 있는 '철의 장막'에 대해 경고했다. 전쟁으로 피폐해진 세계는 이제 새로운 불안과 우려의 또 다른 시대로 접어들고 있었다.

케인스를 잘 모르는 사람들에게는 케인스 역시 몰라볼 만큼 변한 것처럼 보였다. 세속을 모르던 탐미주의자는 부자가 되었고, 국회의원, 투자회사 발기인, 조국의 밀사가 되었다. 하지만 이 여정이 사도에서 배교자로 변해간 과정처럼 보인다면 착각이다. 케인스의 인생행로는 여러 가지 면에서 에드워드 왕 시대의 태평무사함을 되찾으려는 노력이었다. 젊은이들이 강을 게으르게 노 저어가며 고결한 인생에 대한 담론을 나누던 신화의 시간을 되찾으려는 노력이었다.

케인스는 절대로 낙관주의와 당대의 특징이었던 완전한 사회에 대한 믿음을 잃지 않았다. 그는 "진보란 석탄가루와 화약으로 까맣게 덮인 굳은 신념이다. 하지만 우리는 그것을 버리지 않았다"고 선언했다. 공적 영역에 있어서 케인스는 인류가 현명하고 즐겁게, 만족하며 살도록 경제적 문제의 해법을 제시하는 데 노력을 집중했다. 개인적으로 펼친 돈벌이를 위한 모험 역시 목표는 같았다. 잘 사는 삶을 위한 조건을 갖추려는 수단 그 이상이 아니었다.

케인스는 자신이 입버릇처럼 말해오던 것들을 실제로 이뤘다. 그는 불안하던 시대에 확신과 낙관주의를 선사했다. 특히 투자자는 불확실성에 위축되지 말고 이를 기꺼이 받아들여야 한다는 것을 보여줬다. 전쟁 당시 킹스칼리지에서 케인스와 함께 공습 대피 지도원 역할을 했던 프리드리히 폰 하이에크는 "케인스야말로 내가 아는 진정으로 위대한 인물이었다"고 말했다.

투자자로서의 성공은 풍요로웠던 케인스 인생의 작은 부분에 불과했다. 그런 그에게도 단 하나 후회가 있었다. 삶의 종착점을 앞두고 성취한 것과 후회스러운 일들을 꼽아보던 케인스는 아쉽다는 듯 이렇게 말했다.

"샴페인을 좀 더 마셨어야 했어."

케인스의 주식투자 원칙

저명한 경제학자이자 상원의원, 작가였던 존 메이너드 케인스는 이론 뿐만 아니라 실제로도 시장을 정복한 몇 안 되는 사람들 가운데 한 명 이다. 수십 년의 투자를 통해 정제된 그의 6가지 핵심 투자 원칙은 주기 적으로 비이성적으로 변하는 주식시장에서 이득을 얻기 위한 틀이다. 이는 시대를 초월하는 유효성을 입증 받은 시스템이다. 광범위하고 다 양한 지식은 물론 대담함까지 갖춘 덕분에 케인스는 큰 부를 일궈낼 수 있었다.

케인스는 훗날 대중에게 주식투자에 대한 아이디어를 제공해준 자 신만의 투자원칙을 세웠다. 케인스는 최초의 가치투자자이자 워런 버 핏이나 존 템플턴 등 높은 명성과 성공을 거머쥔 주식투자자 대열의 선 구자이다. 책을 마치며 다시 한 번 시대를 초월한 케인스의 주식투자 전략을 소개한다.

1 시장의 추세를 점치려고 하기보다는 특정 주식의 예상수익률로 나타나는 내재가치에 초점을 맞춰야 한다.

2 매수한 주식에 충분히 큰 안전마진, 즉 주식의 예상 내재가치와 주가의 차이가 존재한다는 것을 확신해야 한다.

3 주식을 평가할 때는 독자적으로 판단하고 종종 대중을 거스르는 투자 전략도 받아들여야 한다.

4 매수한 주식은 꾸준히 보유해 거래비용을 제한하고 지속적인 주가의 등락에 스트레스 받지 않도록 하라.

5 자본 가운데 상대적으로 큰 부분을 주식시장의 '미인주'에 투자하는 포트폴리오 집중 전략을 취해야 한다.

6 결단력 있는 행동, 평정심과 인내 사이에 균형을 취할 수 있는 기질을 가져야 한다.

나는 거인의 어깨 위에서 주식투자를 한다

1판 1쇄 펴낸 날 2021년 6월 18일

지은이 저스틴 월쉬
옮긴이 손정숙
펴낸이 나성원
펴낸곳 나비의활주로

책임편집 김정웅
디자인 design BIGWAVE

주소 서울시 성북구 아리랑로19길 86, 203-505
전화 070-7643-7272
팩스 02-6499-0595
전자우편 butterflyrun@naver.com
출판등록 제2010-000138호
상표등록 제40-1362154호

ISBN 979-11-90865-36-4 03320